今度こそ必ずモノにする!

英語習得プランニングノート

書き込み式 話す 聞く 読む 書く

»»» 4技能習得プログラム

土屋 雅稔【著】
Masatoshi Tsuchiya

ベレ出版

はじめに

本書は、初心者のための本です。

これには2つの意味を込めています。「英語の初心者」のための本と「学習の初心者」のための本という意味です。

●「英語の初心者」のための本とは?

中学のときから英語が苦手だった人や、苦手ではなかったにせよ社会人になって完全に忘れたという人は多いものです。そのような人たちが段階的に学習できるように、次のような工夫をしています。

- 中学1年レベルから学習する手順を具体的に示しました。
- 復習を十分に組み込む学習計画を示しました。
- 初心者が陥りがちな落とし穴と脱出法を示しました。
- 理解できない箇所や難しい箇所があって一時的にトレーニングが進まないことがあっても、それによって学習全体がストップしたままにならないように、1ヵ月ごとにトレーニング内容を切り替える手順を示しました。

●「学習の初心者」のための本とは?

「自分の学習法や取り組み方は、どこか甘いし、改善の余地があるはずだ」と漠然と感じてはいても、具体的に、どこをどのように改善すればいいのか把握していない人は多いものです。そのような人たちでも迷わず効率的に学習できるように、次のような工夫をしてあります。

- 学習手順で迷わなくてすむように、テキストや学習期間なども含めて、具体的に説明しました。
- 個々の効率的な手順だけでなく、全体的な学習の効率的な順序も示しました。たとえば単語の効率的な覚え方を示すだけでなく、単語と文法と発音をどういう順序で学習すると効率的かということまで説明してあります。
- 時間の使い方やモチベーションの保ち方など、一般的には「言われなくてもわかっている」とされているような学習の心構えについても説明してあります。「わかっているようで、実はわかっていない」ことがあるためです。
- 学習するうえで大事なことは、場合によっては、繰り返し説明しました。教室での授業と違って、書籍での説明は繰り返しを避けるのが一般的ですが、それだと実際問題として、読み終える頃には忘れてしまうことが多いからです。

●以下のように、チェックリストなどの書き込みページを、多く用意しました。

＊対象読者＆対策チャート
＊基本的な英語力（単語・発音・文法）のチェックリスト
＊目標を書き出す欄
＊１日の時間の使い方の現状をチェックできる欄
＊１日の時間の使い方の計画を作成できる欄
＊１年の学習計画を作成できる欄

これには様々な狙いがあるのですが、代表的な狙いは、次のとおりです。

1）自分を分析することで、
2）自分に合った計画を、
3）自分で作成できるので、
4）納得して学習できる。

一般に英語学習は挫折しやすいものですが、本書では、読者が自分で学習計画を作成して、納得して学習できるようになっています。やらされる学習と違って、自分で納得したうえでの学習は楽しく続くものです。

本書によって、読者のみなさんが英語上手・学習上手になる手助けができれば、著者として幸いです。

書き込みページについて

『はじめに』で述べたとおり、本書は、学習の初心者のための本ということを意識して、書き込みページを多くしています。

以下に、簡単な説明をしておきます。

対象読者 & 対策チャート ⇒ p.8

学習には、開始前も開始後も、不安や悩みがつきものです。ここでは、初心者に見られる代表的なものを示してあります。該当する項目があれば、そこから先に読みはじめてもかまいません。

基本的な英語力（単語・発音・文法）のチェックリスト ⇒ p.27

本書では中学 1 年レベルから学習する手順を紹介していますが、「そこまで戻らなくても大丈夫だろう」と思う人は、自分がどのくらいできているか、チェックしてみましょう。「自分は中学の頃から英語が苦手だったので、今も英語力はゼロだし、中学 1 年レベルからスタートする気持ちでいる」という人は、目標のリストとして使用してください。

目標を書き出す欄 ➡ p.46

目標を紙に書き出すことは、目標を達成するための基本的なテクニックです。どういう自分になりたいのかを洗い出すことで、そのために必要なトレーニングを確認できますし、モチベーションが下がったときも、目標を思い出すことで自分を鼓舞できます。

1日の時間の使い方の現状をチェックできる欄 ➡ p.224

時間の使い方の現状を細かくチェックできるページを用意しました。自分なりに時間を上手に使っているつもりでも、細かくチェックしていくと、改善の余地が見つかるものです。

1日の時間の使い方の計画を作成できる欄 ➡ p.232

上記で現状をチェックして終わりにするのではなく、今後の時間の使い方の計画を立てられるようになっています。

1年の学習計画を作成できる欄 ➡ p.239

本書を読み終えたあと、モデルプランを参考にして、自分だけの学習計画を作成してみてください。一般に計画というものは、旅程でも仕事でも遊びでも、少しずつ遅れがちなものです。しかし本書では、1ヵ月単位でトレーニングを切り替えていくので、簡単にリセットできるようになっています。また、モデルプランには、復習を定期的に組み込んでありますので、かなりの遅れもカバーできます。

対象読者&対策チャート

本書は次のような人を対象としています。具体的な対策は該当ページの本文を参照してください。

学習法や学習計画、自分自身について

- □ 何からはじめればいいのか見当がつかない ➡ p.26, 70, 84
- □ 目標が曖昧 ➡ p.46
- □ 時間の使い方が下手 ➡ p.35, 155, 219, 224, 232
- □ 何をどれくらいの期間、どういう順序で学習したらいいのかわからない ➡ p.64, 70, 84
- □ 学習下手なので、上達できるか不安 ➡ p.32, 43, 195

☐ いろいろな種類のトレーニングに手を出して、中途半端になってしまう　➡ p.70，185

⇨ 1ヵ月間は一点集中してトレーニングをし、毎月トレーニングの内容を切り替えるようにすれば、長期的にバランスのとれたトレーニングができます。

☐ 自分なりにがんばって学習しているが、上達が遅い　➡ p.224

⇨ 学習した「つもり」になっていないか、学習時間、集中度、学習分野を、チェックリストに記入して見直してみましょう。

☐「つもり」でなく実際に学習しているが、上達が遅い

➡ p.22，187，191，193，195

☐ モチベーションが下がりやすい　➡ p.42，58，216，219

単語

☐ どんな単語集を選んだらいいか迷う　➡ p.101

☐ 何語ぐらい覚える必要があるのか迷う　➡ p.106

☐ 覚えるのに時間がかかりすぎて学習が進まない　➡ p.105

□ もっと楽な方法があるのではないかと思う　➡ p.40

文法

□ 薄い問題集をはじめてみたけれど、難しく感じる　➡ p.97

⇨ 大人向けの中学英語を復習する本を使っていませんか？

□ 中学生用の薄い問題集をはじめてみたけれど、思ったより時間がかかる　➡ p.89，180，195

□ 自分は理解しないと暗記できないタイプなので、解説の少ない中学文法の問題集は苦手　➡ p.99

□ 資格試験や高校文法の問題集は学習するほど混乱する　➡ p.125，208

□ 構文のテキストが難しい　➡ p.86，134

□ 文法的に正しくてもネイティブが使わないような不自然な表現しか身につかない気がする　➡ p.203

発音

□ 発音はイイカゲンでかまわない気もする ➡ p.137

□ 今さらネイティブのような発音になるのは無理だと思う ➡ p.139

⇨ ネイティブのような発音を目指すのではなく、ネイティブに通じる発音を目指しましょう。

□ 発音は昔から苦手なので、通じる発音を身につけるのでさえ、今からでは無理な気がする ➡ p.139

⇨ 聞き分けはともかく、発音し分けるのは大人になってからでも大丈夫です。

□ 発音記号がチンプンカンプンだ ➡ p.140

リーディング

□ 不明の単語を辞書で調べても、読めない英文が多い

➡ p.88, 119, 132

⇨ 単語以外に原因があるのですから、文法を身につけましょう。中学文法だけでなく、高校文法と構文も必要になります。

□ 文末から「返り読み」すれば読めるが、英語を英語のまま理解できない ➡ p.111

リスニング

□ スクリプトを見れば簡単でも、聞くと全然わからない ➡ p.157

□ 冠詞や前置詞、単語の語尾など、細かい点がスクリプトどおりに聞こえない ➡ p.158

□ 似ている音を識別できるようにならない ➡ p.55，137，191

⇨ 発音は、自分で区別して発音できれば、聞き分けも上達します。先に発音の仕方を覚えましょう。

□ 通勤時に聞き流しているが、聞こえるようにならない ➡ p.155，197

⇨ ながら学習は大切ですが、それだけだと上達しません。

スピーキング

□ 声を出しても下手で嫌になる ➡ p.174

□ 英会話のテキストを音読しているが、上達している気がしない ➡ p.24，168，214

□ 週イチで英会話スクールに通っているが、上達の実感がない
➡ p.24，214

□ 自分の英語に自信がもてない　➡ p.175

ライティング

□ 英文を思いつくのに時間がかかる　➡ p.160

□ 英文を思いついたあと、紙に書くのに時間がかかる　➡ p.160

資格試験

□ 資格試験の対策テキストをメインに学習しているが、上達の実感がない　➡ p.207，209

● CONTENTS ●

今度こそ必ずモノにする英語習得プランニングノート

第1章 計画を立てる前に意識したい基本的で総論的なこと

第2章 目標を明確にし道筋を確認する

第3章 具体的な学習方法

第5章 学習計画の作成

● 第 1 章 ●

計画を立てる前に意識したい基本的で総論的なこと

1 上達するということは？

― ギャップを認識して埋めるだけ。ギャップが大きい場合は、小さく分割して１つ１つ段階的に身につけていく ―

上達するということは、現状と目標とのギャップを認識して、そのギャップを埋めていくことです。

と、大上段に書いてみましたが、英語の上達以外であれば、普段、誰でもやっていることです。たとえば、今から数時間後にどこかで飲み会があるとします。この場合のギャップは、場所と服装ということになります。今、自宅でパジャマを着ていたら、飲み会にふさわしい服装に着替えて、飲み会の行なわれる場所へ適切な交通手段で移動します。

当たり前すぎて、わざわざ言うことではないでしょう。

しかし、英語の上達になると、この当たり前のことをできない人が多いのです。ギャップを段階的に埋めていくだけでいいのに、ズレたことをしてしまうのです。

たとえば、今の段階では中学文法がグラグラしている人が、将来的にはペーパーバックを苦労なく読めるようになることを目標として、高校文法も身につけようとしているとします。この場合、やるべきことは、中学レベルから段階的に学習していくことです。それなのに、「目標が高校レベルだから、高校の文法書を使って学習する」というように、現状を無視して、目標のレベルで学習をはじめてしまう人が多いのです。そして「英語は難しい。自分には無理だ」と挫折する人があとを絶ちません。

これは、現状の分析ができていない例ですが、目標の分析ができていない場合もあります。たとえば、資格試験を目指している場合、初心者のうちは、過去問題集や公式問題集を見ても、どういうトレーニングをすれば解けるようになるのかが分析しにくいことがあります。その結果、これらの問題集ばかり解こうとする人が出てきます。それを“実践的”と勘違いする人もいます。

しかし、これがどれだけ非効率的かは、他のことに置き換えて考えるとわかりやすいでしょう。たとえばマラソンに強くなるために、“実践的”と称して毎日 42.195 キロを走ることしかしないとしたら、非効率的というよりも論外でしょう。

マラソンに必要なものを分析してみれば、長時間体を動かしても心臓がバクバクしない体力と、足の筋肉の持久力です。マラソンをしないと鍛えられない、というものではありません。体力はどんなスポーツでも長時間やれば向上させられますし、足の筋肉の持久力も、足を使うスポーツをやれば鍛えられます。

資格試験の対策として過去問題集や公式問題集だけをやるのは、マラソンに強くなるためにマラソンだけをやるようなもので、効率を求めたはずなのに非効率的になってしまいます。

英語の資格試験に必要なのは、当たり前ですが英語力です。英語力は、小さく分割すれば、単語であり、文法であり、発音なのです。これらを現状の自分のレベルから、試験で要求されるレベルまで段階的に身につけていけば、試験形式と同じでなくてもどんな形式でトレーニングしてもかまわないのです。資格試験で早く結果を出したくて焦る気持ちはわかりますが、本質を見失わないようにしてください。

スピーキングが目標の場合も、ギャップを認識しない人が多いです。スピーキングも、土台となるのは単語、文法、発音です。これらの土台の上に、スピーキングならではの機微や慣れといったものが必要になります。しかし、慣れや機微だけでスピーキングが成り立っていると勘違いしやすいのか、現在の自分の地点から文法や単語や発音を積み上げようとせずに、いきなり目標とするレベルでスピーキングを実践しようとする人が多いです。基礎がグラグラしているのに、英会話スクールに通ってネイティブと自由な会話を楽しもうとしたり、“職場の英会話”のような英会話テキストを表面的に真似する人が、その典型です。

もちろん、マイナスではなくプラスになってはいるのですが、本人としては「がんばっている割には上達が遅い」と感じることが多いようです。これは当然のことで、もし文法が身についていなければ、例文を暗記したとしてもTPOに応じてアレンジできませんし、発音を学んでいなければ、真似して声に出した「つもり」でも、実際は通じる発音ができていないことが多いからです。

いきなり目標地点からトレーニングするのも、目標の高さを認識して自分を鼓舞できるという点では意義があるのですが、いったん目標と現状とのギャップを把握したあとは、そのギャップを細かく分割して、現状のレベルから1つ1つ埋めていきましょう。

たとえば「自分はスピーキングが苦手だからスピーキングを練習する」といったラフなものではなく、「スピーキングに必要な文法、発音、単語のうち、苦手な発音を練習しよう。具体的には、think と sink の区別が苦手だから、これを優先しよう」といったように細かく分割して埋めていくようにしてください。

表面的に真似をするのではなく、ギャップを埋めるのに本質的に必要なものを抽出してトレーニングすることが大事です。

2 思い切って出発点まで戻る

― 初心者の場合は、中学英語まで戻る ―

上達するということは、現状と目標とのギャップを認識して、現状から段階的にギャップを埋めていくことだ、と言いました。

すると当然、次に「現状の英語力を分析する必要がある」ということになりますが、初心者の場合は話は簡単で、中学英語から開始すればいいだけです。初心者の英語力の現状は、基本がグラグラしていることが共通だからです。

「自分は初心者だと思うけれど､いくらなんでも中学レベルは大丈夫だと思うので、そこまで戻って学習するのは時間の無駄に感じる」という人もいるかもしれません。

そんな人のために、ごく基本的な単語、発音、文法のチェックリストを用意しましたので、確認してみてください。全部が OK だという人は、ほとんどいないのではないでしょうか。

もちろん私たちは英語のネイティブではありませんから、単語や発音は全部 OK でなくても仕方がない部分もありますが、中学文法だけは全部「何のことだかわかる」ようにしておかないと、あとの上達が遅くなります。

以下は、超基本単語集である、アルクの『究極の英単語 Vol.1』から、レベル別に10個、抜粋したものです。まずは「意味がわかる」ことを目指してください。スピーキングやリスニングを目指すようになったら、「発音がわかる」ことを目指しましょう。

0～1000語レベル

	意味がわかる	発音がわかる
a	□	□
baby	□	□
cafe	□	□
dad	□	□
each	□	□
face	□	□
game	□	□
hair	□	□
I	□	□
jam	□	□

1001～2000語レベル

ability	□	□
backward	□	□
cab	□	□
daily	□	□

earn	□	□
fail	□	□
gain	□	□
habit	□	□
illness	□	□
jacket	□	□

2001 ～ 3000 語レベル

absence	□	□
babysitter	□	□
cabbage	□	□
darkness	□	□
eager	□	□
failure	□	□
gang	□	□
handbag	□	□
ideal	□	□
jar	□	□

以下は、基本的な発音についてのチェックリストです。

□ 約 50 個ある発音記号の音を、だいたいイメージできる。
□ 約 50 個ある発音記号の音を、どういう口の形と舌の位置で発音するのか知っている。
□ 約 50 個ある発音記号の音を、実際に通じるように発音できる。

以下のペアを区別して発音できる。

子音

□ them, then
□ force, horse
□ think, sink
□ see, she
□ light, right
□ best, vest

母音

□ leave, live（長さの違いだけではありません）
□ cap, carp
□ cop, cup（コップとクップではありません）
□ caught, coat, court
□ farm, firm

以下は、中学文法で扱う代表的な文法用語です。まずは「何のことだかわかる」ことを目指してください。学習が進んでスピーキングやライティングを目指すようになったら、「自分で例文を作れる」ことを目指しましょう。

	何のことだかわかる	自分で例文を作れる
動名詞	□	□
現在分詞	□	□
過去分詞	□	□
不定詞	□	□
進行形	□	□
受け身	□	□
完了	□	□
5文型	□	□
主語	□	□
述語（動詞）	□	□
目的語	□	□
補語	□	□
修飾語	□	□
句	□	□
節	□	□
名詞	□	□
代名詞	□	□
動詞	□	□
形容詞	□	□

副詞	□	□
助動詞	□	□
前置詞	□	□
接続詞	□	□
関係詞	□	□
疑問詞	□	□

このような基本は、身につける前は重要性を実感しにくいものです。「どういうふうに役立つのだろう？」「なぜ、そこまで徹底するんだろう？」と理由を求めたくなることがありますが、「重要だというんだから重要なんだろう」と受け入れるほうが上達が早いです。基本は、身についたあとでないと重要性がわからないという一面があるからです。算数の九九の重要性や便利さが、できるようになったあとでないと実感しにくいのと似ています。

なお、基本がグラグラしていることを自覚していて、「基本から積み上げていこう！」と決意している人は、今の時点ではまったくできなくても大丈夫です。今後の目標として活用してください。しっかり学習すれば半年から1年ぐらいでチェックリストの大半ができるようになります。

3 上達しない原因は２つ
― 時間をかけていないか、学習下手 ―

英語が上達しない原因は、２つです。時間をかけていないか、学習下手かです。

これらは相互に関連しているため、片方だけでなく、両方とも当てはまる人が多いようです。

時間をかけていないからこそ、学習のコツがつかめず、学習下手のままで低迷してしまうし、学習下手だからこそ、無駄が多く、実質的な学習時間が少なくなる、といった悪循環になってしまうのです。

この２つのうち、学習下手については簡単に解決できます。本書の手順で進めていけば、上手に学習できるからです。前に述べたように、上達するためには、「現状と目標とのギャップを認識して、段階的に埋めていく」ことが必要ですが、本書では、ギャップを認識するための書き込みページを設けたり、ギャップを段階的に埋めるための効率的な学習手順を具体的に示したりと、誰もが上手に学習できるよう考慮してあります。

しかし、もう１つの「時間をかける」ことについては、みなさんのほうで意識することが必要です。

「英語学習に時間が必要なことは、言われなくてもわかっている。わかっているけれど、現実に忙しくて時間がとれないからこそ効率的な学習法を求めているのであって、そんな状況で「時間をかけろ」と言われても、「はい、そうですか」とは答えられないよ。」

そんな声が聞こえてきそうです。その気持ちはよくわかります。

けれど、あえて質問させてください。

本当の本当に、時間を捻出できないですか？

「本気の本気で捻出しようと思えば、まだまだ捻出できる」のではないでしょうか。

「理屈はそうかもしれないけれど、そういう気持ちになれない」という人のために、気持ちについての質問をさせてください。

本気で時間を捻出して学習した場合と、今のペースで学習を続けた場合、どちらの自分が気持ちよさそうですか？

4 ネイティブの小学1年生が英語に接する時間

― カタコトで話せるようになるまでに ―

本気で時間を捻出していない人は、「なにも教養あるネイティブ並になろうというのではないし、本気で時間を捻出しなくても、カタコトで話せる程度にはなるだろう」と思っているかもしれません。

では、カタコトで話せるようになるまでに、ネイティブはどれくらい英語に接しているのでしょうか。小学1年生つまり7歳ぐらいを例にとりましょう。

1日に14時間は起きているとして、かなりの時間を家族から英語で話しかけられたり、テレビから英語を浴びたりしています。少なくとも起きている時間の半分、つまり7時間は英語に接していると思われます。それを毎日続けて7年経過したのが、ネイティブの小学1年生ということになります。

みなさんが求めているのは、当然小学1年生より高い英語運用力だと思います。しかし、その小学1年生は、7年間、少なくとも毎日7時間、英語に接してきているのです。

もちろん直接の比較はできませんが、私たちがテキストを用いて系統的に学習したとしても、カタコトで話せる程度になるまでに相当の時間が必要だということは想像がつくと思います。

5 時間の捻出の仕方
― ながら学習と、スキマ時間の活用と、まとまった時間の確保 ―

時間を捻出する方法として、ながら学習やスキマ時間の活用は欠かせません。ただし、ながら学習やスキマ時間の活用は、時間を十分に確保できない場合の苦肉の策であり、まとまった時間に集中して学習するよりも効率が落ちます。

これは当然のことのはずですが、ながら学習やスキマ時間を活用していると、「時間を有効に活用できている」というポジティブな気分になれるせいか、忘れてしまう人が多いのです。そして「あんなにがんばって学習したのに結果が出ない」と嘆くことになります。確実に上達するためには、ながら学習やスキマ時間の活用だけでは不十分だということを忘れないでください。

だからといって、「効率がよくないのだから、ながら学習もスキマ時間の活用もあきらめる。その代わり、まとまった時間に集中して学習する」というのも感心できません。繰り返すようですが、一日中英語を勉強していればいい、という恵まれた環境にあったとしても、それを７年続けてやっとネイティブの小学１年生と同じくらい英語に接したことになるだけなのです。

休日に数時間まとめて学習して「自分は十分に時間をかけている」

と思ってしまう人がいますが、それは錯覚で、全然足りないのです。大人になってからの国内での英語学習は、いくら時間を確保しても十分ということはありません。

以上を大局的な認識として、あとは各自で工夫して時間を捻出するとよいでしょう。参考までに、いくつか工夫を記しておきます。

●ロケットスタートして短期で上達し、学習を楽しいものに変えてしまう

人は、趣味やデートのような楽しみの時間であれば捻出できるものです。英語も、楽しみに変えれば時間を捻出しやすくなります。どうやって楽しみに変えるかというと、短期で上達して一定のレベルに達してしまうのです。

習い事には、「そこを越えると楽しくなる」という一線があります。自転車でいえば乗れるようになったとき、水泳でいえば息継ぎができるようになったとき、といった具合です。英語でいえば、日本語に訳さなくても理解できるようになったときや、単語集や問題集を初めて1冊終えたときなどです。

その一線を早く越えないと、「練習しても面白くないので練習時間が減少し、ますます上達が遅くなる」という悪循環になるし、早く越えてしまえば「練習が面白いので練習時間が増えて、ますます上達していく」という好循環になります。英語も、ロケットスタートして短期である程度上達し、楽しいものに変えてしまえば、学習時間を捻出し

やすくなります。効率的に上達できる道筋は本書に示しましたので、あとはみなさんがダッシュするだけです。

●まとめて時間がとれたときは、できるだけ長時間学習する

用事が控えているわけでもないのに、なんとなく1～2時間で学習を切り上げる人がいます。しかし、英語学習はスポーツのような肉体疲労はありません。あとに用事がなければ、いくらでも続けて学習してみてください。ながら学習やスキマ時間の活用は必須ですが、まとまった時間に集中して学習することのほうが、より重要です。

●教材をコロコロ変えない

テキストや音源を切り替えている瞬間、数秒にせよ無駄な手間がかかります。少しの時間であっても、無駄は無駄です。それに、同じものを繰り返しやるほうが力がつきます。

●学習法をシンプルにしておく

スキマ時間ができてから「何を勉強しようかな」と迷っているようではスキマ時間は去ってしまいます。迷わなくてすむように、学習法をシンプルにしておきましょう。たとえば「ここ1ヵ月はスキマ時間ができたら英語に耳を傾けよう。耳が疲れたら、代わりに単語集をやろう」と決めておけば、迷って時間を損失することはありません。

●スキマ時間を見つけてから携帯用プレーヤーを操作して再生するのではなく、外出中は常に英語を再生して耳に流しておき、スキマ時間ができたときに耳に意識を集中する

「ながら学習やスキマ時間の活用は、セカセカしていて自分に合わない」という印象をもつ人は多いようです。たしかに、スキマ時間を見つけるたびに携帯用プレーヤーを操作するのは面倒です。そこで発想を変えて、外出中は常にオンにしてイヤホンから耳に英語を流しておくのです。つまり朝家を出て会社に着くまでと、夜会社を出てから家に着くまで、常に英語を流しておきます。聞き流しながら、状況に応じて、耳への集中度を調整します。広い安全な歩道を歩くときは英語に集中し、横断歩道を渡るときは英語には集中しない、といった要領です。これならセカセカすることはありません。

●電子辞書や単語集をポケットに常に携帯しておく

外出時に携帯用プレーヤーで聞いていて、耳が疲れたときや騒音で聞こえにくいときは、テキストの学習に切り替えます。ポケットに単語集や電子辞書を携帯しておけば、切り替えは瞬時です。カバンに入れてしまうと、学習の習慣が定着していない人の場合は、取り出すのが億劫でサボりがちになります。

●自宅ではCDラジカセで英語を流しっぱなしにする

最近は小型のCDラジカセが、ホームセンターなどで数千円で購入できます。これで英語のCDをリピート再生しておいて、聞き流しながら状況に応じて耳への集中度を調整します。食器洗いの時間は英語に集中し、読書の時間は英語を流しているだけ、といった要領です。

「そこまでして…」と思うかもしれませんが、大人になってからの国内での英語学習では、いくら時間を確保しても十分ということはない、ということを思い出してください。

それに、こうして読むと大変なようでも、やってみればたいしたことはないのです。「一日中、流している英語に集中する」というのでしたら大変な苦行ですが、集中するのではなく聞き流すだけです。いくらやっても疲れませんし、手間もかかりません。

以上は、あくまで参考です。納得したものを取り入れて、あとは各自で工夫するとよいでしょう。

6 答えはわかっているけれど、それでも聞いてみたい質問

― 単語を簡単に覚える方法は? 文法は必要? 自分にもできる? ―

私は英語講師という職業柄、いろいろな質問を受けます。英語の質問もあるし、学習法の質問もあります。面白いのは、学習法の質問の大半は、質問者のほうで答えを薄々わかっていることです。

「先生、単語を簡単に覚える方法なんて…ないですよね？」と、わかっていながら質問していることが多いのです。

「残念ながら、ないと思います」と答えると、「やっぱり、そうですよねぇ。自分でもわかっているんですけど、ハッキリ言っていただけると覚悟が決まります」のように続くことが多いです。

このように、答えが自分でもわかっている質問は、他にもたくさんあります。

本来は言わずもがなですが、覚悟を決めていただくキッカケになるかもしれないので、あえて質問と答えを載せておきます。

Q 英語を聞き流しているだけで自然に身につきますか？

A ひょっとして何万人に１人くらいの割合で、例外的に身につく人がいるかもしれません。が、自分がその例外だとは絶対に思いません。

蛇足ですが、本書で外出時に携帯プレーヤーで聞き流すことをすすめているのは、学習全体の一部としてすすめているのであって、聞き流すだけで自然に身につくと言っているのではありません。

Q 文法は必要ですか？

A 必要です。

Q 英語のネイティブは文法を習わずに英語を身につける、と聞きますが…。

A それが事実だとしても、私たちは英語のネイティブではありませんから、当てはまりません。

Q 英語学習に近道やテクニックや裏道があれば教えてください。

A 効率的な学習法と非効率的な学習法はありますが、ウルトラＣのようなテクニックを期待していると、時間が無為に過ぎていきます。また、仮にウルトラCのようなテクニックがあったとしても、実際に時間をかけて問題意識をもって学習している人でないと、教えられても価値がわからず、活用できません。

Q 非効率的な学習には、どのようなものがありますか？

A 効率的な学習を求めることに時間を費やしすぎて、学習する時間を確保しないことです。

Q 効率的な学習のコツを教えてください。

A 前の質問の裏返しで、まずは実際に学習することです。このとき、何も考えずに学習するのではなく、「どうすれば効率的に学習できるか？」と頭の片隅で意識しながら学習していれば、英語が上達するだけでなく、学習法にも上達できます。ただし、あくまで「頭の片隅」であって、学習せずに学習法だけ追い求めるのとは大きな違いですので、注意してください。その他のコツは本書をお読みください。

Q モチベーション維持やマンネリ打破のコツを教えてください。

A これも時間を確保することが基本です。時間をかければ上達が早いので学習が楽しくなるし、経験を積むことによって自分に適した気分転換の方法も見つかるものです。4章の『中だるみ、息切れ、逆境』『気持ちよくトレーニングする工夫』の項も参照してください。

Q 私にも英語ができるようになりますか？

A 自分次第です。

Q もう少し、やさしい言葉をいただければ…。自分次第ということはわかっているんですが、その自分に自信がないんです…。

A 「自分次第」というのは、やさしい言葉だと思います。英語は時間をかければ誰でも上達する分野だからです。世の中には、芸術のように努力しても結果が出るとは限らない分野が多くあります。そういう分野の自分次第というのは、「自分が精一杯の努力をしても、結果が出るかどうかわからない」ということで、厳しい言葉です。対して、英語の場合、自分次第というのは、「時間をかければ誰でも上達する分野で、時間をかけるかどうかは、自分の気持ちひとつです」ということです。「あなたにもできます」とほぼ同義のやさしい言葉だと思います。

第2章

目標を明確にし道筋を確認する

1 なりたい自分像を書き出そう
― 目標を鮮明にする ―

2章では、自分の目標を確認し、その目標に適した学習プランを示します。

この項では、まず目標を具体的に書き出します。繰り返しですが、目標と現状とのギャップを把握して、それを埋めていくということが上達するということです。漠然と「英語を上達したい」と思うより、「TOEICで700点を突破したい」「Facebookやツイッターに書き込みしたい」「流暢でなくてもいいから、正確に自分の意見を伝えられるようになりたい」などのように、目標を具体的にしたほうがギャップも把握しやすく、今やるべきことが明確になります。

以降のページでは、多くの学習者が「こうなりたい」と思うであろう例を、リーディング、リスニング、ライティング、スピーキングの4分野について挙げてあります。自分に当てはまる例にマーキングしてください。

余白ページには、例にならって、自分だけの目標を書き出してみてください。自分で書いた目標のほうが、他人事でなく自分事と感じられて親しみやすいものです。遠慮せずに大きな文字で書き込んでください。書き込みやマーキングの多いページが、自分が優先したい技能ということになります。

余白ページの次に、ちょっとした目標の書き方のヒントがあります。目標は書き出すのは簡単そうで、意外と進まない人もいるからです。

余白ページの次に、各技能のトレーニングの概要を示してあります。これによって、目標への大まかな道筋をとらえてください。これより詳しい道筋は、『自分に合った学習プランを選ぼう』（p.64）で、さらに詳しい個別の学習手順は、『具体的な学習方法』（p.83）で、それぞれ後述します。

リーディング Reading

- □ 海外の友人からのメールを読めるようになりたい。
- □ 仕事関係のメールを読めるようになりたい。
- □ グランドキャニオンやナイアガラの滝などの観光先のウェブサイトを読めるようになりたい。
- □ 自分の好きなミュージシャンや俳優などのオフィシャルサイトを読めるようになりたい。
- □ 洋楽の歌詞を読めるようになりたい。
- □ 英字新聞を読めるようになりたい。
- □ 洋雑誌を読めるようになりたい。
- □ ペーパーバックを読めるようになりたい。
- □ TOEIC や英検などの資格試験の英語を読めるようになりたい。

自分だけの目標を書いてみよう

目標の書き方のヒント

目標を具体的にすることが大事だということは、言われなくても承知していると思いますが、やってみると意外と進まないのではないでしょうか。たとえば「なんとなく英語ぐらいできたほうが将来的に役立つ気がする」と漠然と考えている人は、「目標を書き出しなさい」と言われても、すぐには書けないでしょう。そんなときは「なんとなく将来的に役立つ気がする」と、とりあえずそのまま書いておきましょう。そうすれば、「あ、自分は目標が曖昧なんだな」と実感できますから、目標を具体的に考えるキッカケとなります。そのうち具体的な目標を思いついたら、書き足していってください。

トレーニングの概要

リーディングのトレーニングの基本は、**単語**と**文法**と**直読直解**です。

単語は、意味と発音を優先して覚えるのが効率的ですが、余裕がない人は、意味だけ最優先で覚えましょう。可算･不可算の区別や、ニュアンス、例文などは、さしあたり不要です。まずは一般的な学習手順として、3000 ～ 4000 語を覚えて、次に 6000 ～ 7000 語ぐらい覚えることを目標にします。このくらい覚えれば、辞書を使いながらであれば、英字新聞の簡単な記事や仕事のメールなども、理解できるようになります。何語まで覚えるかは、ここまで覚えてから再検討するのがよいでしょう。詳細は、『単語』（p.101）を参照してください。

文法は、中学文法のほかに、高校文法と構文が必要です。読みたい文章が簡単なものであっても、一部に高度なものが含まれていることがあるからです。詳細は、『中学文法』（p.88）、『高校文法』（p.119）、『構文』（p.132）を参照してください。

直読直解は、単語と文法が身についたあとでないと無理だと考えている人が多いようです。しかし、意識的にトレーニングすれば、学習の初期段階で身につけて、あとの学習をスムーズに進めることができます。詳細は、『直読直解』（p.111）を参照してください。

上記のトレーニングは、p.70 に示すように 1 ヵ月ごとに切り替えて、約半年を目安にするとよいでしょう。その後の手順は、『リーディング』（p.147）を参照してください。

リスニング　Listening

- □ 海外旅行で相手の言うことを聞けるようになりたい。
- □ 仕事先の相手の言うことを聞けるようになりたい。
- □ 海外ドラマを聞けるようになりたい。
- □ 英語ニュースを聞けるようになりたい。
- □ YouTube などで、自分の好きなミュージシャンや俳優やダンサーなどのインタビューを聞けるようになりたい。
- □ TOEIC や英検などの資格試験の英語を聞けるようになりたい。

自分だけの目標を書いてみよう

目標の書き方のヒント

人によっては、「学習を開始したあとで、調子よく進めば目標は英検準1級のように高くするし、思ったように進まなければ無難に英検3級ぐらいにするつもりだから、今の時点では決まらないよ」という場合もあるでしょう。そのような場合は、「調子がよければ英検準1級、思ったように進まなければ英検3級」といったように、そのまま書けばOKです。

トレーニングの概要

リスニングは、**リーディングの能力が前提**です。読んでわからないものは聞いてもわからないからです。リーディングと違って何度も読み返すことはできませんから、より高いリーディングの能力が必要になります。つまり、より一層の文法と単語と直読直解のトレーニングが必要だということです。詳細は、リーディングと同じく、『中学文法』（p.88）、『高校文法』（p.119）、『構文』（p.132）、『単語』（p.101）、『直読直解』（p.111）を参照してください。

単語は、リーディングと異なり、意味と品詞だけでなく、発音も覚える必要があります。たとえば、walk と work など、意味だけで満足しないで、発音も覚えないとリスニングができません。似ている音は、聞き分けるより発音し分けるほうが容易な場合があるので、「発音し分ける練習を先にして、聞き分けられるようになるのは気長に目指す」というアプローチがよいでしょう。詳細については、『発音』（p.137）を参照してください。

上記のトレーニングも、約半年を目安にするとよいでしょう。その後の手順は、『リスニング』（p.151）を参照してください。

ライティング　Writing

□ 日記を英語で書きたい。

□ 海外の友達とメールでやりとりしたい。

□ YouTube に英語でコメントを書きたい。

□ 仕事のメールを英語で書きたい。

□ 海外通販で、住所や宛名の書き方など、些細なことが不安であきらめることのないようにしたい。

□ 好きな俳優やミュージシャン、ダンサーにファンレターを書きたい。

□ 資格試験で相応に書けるようになりたい。

自分だけの目標を書いてみよう

目標の書き方のヒント

気軽に「こうなりたい」という憧れを書き出してみてください。大きければ大きいほど、多ければ多いほどよいです。今は無理に思える目標であっても、遠慮することなく書き出してください。憧れはエネルギーになりますから、ヤル気が燃えてくるものです。また、学習がマンネリになったり、モチベーションが下がったときにも、目標を読み返してみれば、新鮮な気持ちを取り戻せるものです。

目標は、芋づる式に書き出してみるのもコツです。たとえば「資格試験で相応に書けるようになりたい」にチェックマークをつけたら、「資格を活かして昇進する」と追加してもいいでしょう。ちょっとした遊び心をもって、「資格を活かして外資系の会社に転職し、ハワイ支社に勤務して休日はビーチで遊ぶ」のように書いても、自分のモチベーションが高まるのであればかまいません。

トレーニングの概要

ライティングにも、必要なのは**単語**と**文法**です。

複雑な英文を書く必要はないので、最初のうちは中学文法までで大丈夫です。十分に繰り返し学習して身につけてください。インプットよりアウトプットのほうが、より確実な文法力が必要です。詳細は『中学文法』（p.88）を参照してください。

単語は、ウロ覚えの単語を無理して使う必要はなく、知っている単語を使いこなすようにしましょう。詳細は『単語』（p.101）を参照してください。知っている単語や中学文法だけでは表現しきれない場合があったら、辞書や高校の文法書の助けを借りましょう。辞書や文法書を使いこなすためにも、やはり中学文法が必要です。

上記では、必要最小限なものを示しましたが、疑問点が出てくるたびに辞書や文法書で調べるのは、面倒に感じる人も多いでしょう。その意味で、高校文法と構文を身につけて、あらかじめ疑問点を減らしておくのも合理的です。また、迅速に書けるためには直読直解も必要です。詳細は、『直読直解』（p.111)、『高校文法』（p.119）『構文』（p.132）を参照してください。

これらのトレーニングは、約３ヵ月から半年を目安にするとよいでしょう。その後の手順は、『ライティング』（p.159）を参照してください。

スピーキング …………… Speaking

- □ 海外旅行で、"Where is the station?" のような最小限の決まり文句は使えるようになりたい。
- □ YouTube に英語で動画を投稿したい。
- □ 決まり文句だけでなく、自分の考えや意見を言えるようになって、友人と会話を楽しみたい。
- □ 海外の仕事の取引先と英語でやりとりしたい。
- □ 資格試験で相応に話せるようになりたい。

自分だけの目標を書いてみよう

目標の書き方のヒント

p.46で「目標を具体的にしたほうがギャップも把握しやすく、今やるべきことが明確になります」と書きましたが、初歩の段階では、やるべきことは基本を身につけることなので、トレーニングの内容はほぼ共通となります。「どうせやることが共通ならば、目標なんて書き出さなくてもいいのでは？」と感じるかもしれませんが、目標が具体的なほうが、テキパキと行動して成功しやすいものです。

たとえば、休日と平日の起床時の着替えを思い出してください。平日は「何時までに職場に行く」という目標が定まっていますからテキパキと着替えますが、休日は目標が定まっていないので、ノンビリと着替えることになるでしょう。英語学習も同じで、作業が共通でも、目標が明確なほうがテキパキ進むのです。

トレーニングの概要

スピーキングは、「**話すライティング**」と言えます。頭の中で作文して口からアウトプットするのがスピーキングだからです。ただしライティングと違って、不明点を辞書や文法書で調べている時間はありませんから、より確実な文法知識が必要になります。単語も、ライティングと違って、辞書で調べている時間はありませんから、より確実な力が必要になります。くわえて、通じる発音が必要です。自分が口にしている英語を日本語で考えている時間はありませんから、直読直解も必要です。詳細については、『中学文法』（p.88）、『高校文法』（p.119）、『構文』（p.132）、『単語』（p.101）、『発音』（p.137）を参照してください。

"英語ペラペラ"という華やかなイメージからはほど遠い印象を受けるかもしれませんが、前提となる文法、単語、発音、直読直解を身につけるための地道なトレーニングが必要なのです。

上記のトレーニングも、約半年を目安にするとよいでしょう。その後の手順は、『スピーキング』（p.164）を参照してください。

2 自分に合った学習プランを選ぼう
― 学習計画の全体像を把握しよう ―

目標を書き出したあとは、その目標とのギャップを埋めていく手順を把握しましょう。「何を」「どれくらいの期間」「どういう順序で」トレーニングするか、全体像をつかんでください。全体像がつかめていれば、自分の立ち位置がわからなくて不安になることなく、快適に効率的な学習ができます。

たとえば p.70 で示すように、「7 ヵ月後に発音のトレーニングを開始する」という全体像が見えていれば、今の時点で発音記号が読めなくても心配することなく、単語や文法などの目の前のトレーニングに集中できますし、「1 ヵ月ごとにトレーニングが切り替わる」という全体像が見えていれば、今やっているトレーニングに少々の苦手な箇所があっても、それがずっと続くわけではないと安心してトレーニングできる、ということです。

この項では、14 種類のモデルプランを用意しましたので、以下のチェックリストを使って、自分に合ったプランを選んでください。

優先する技能
- □ リーディング
- □ リスニング
- □ スピーキング
- □ ライティング

初歩の段階では、優先する技能が何であれ、やるべきことは基本を身につけることなので、トレーニングの内容はほぼ共通となります。これは学校の勉強でいえば、大学受験が近くなると、私立文系、私立理系、国立文系、国立理系で学習内容が変わってきますが、小学校、中学校、高校1年生ぐらいまでは学習内容が同じなのと似ています。初歩の段階では基本は共通しているのです。とはいえ、ながら学習の内容やテキストの選択などで、若干の違いが出てくることがあるので、優先したい技能を意識しておくことが必要です。

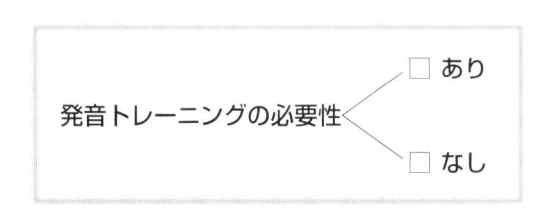

発音トレーニングの必要性
- □ あり
- □ なし

発音トレーニングの必要がない人もいます。発音が苦手または嫌いで、当面リスニングやスピーキングや資格試験と関係ない人です。理想をいえば、発音できたほうが単語を暗唱して耳や口で覚えやすいという側面もあるので、発音トレーニングをしたほうがよいのですが、現実にリスニングやスピーキングや資格試験と関係がなく、発音が苦手で嫌いという人が、無理してトレーニングすることはないでしょう。いつか必要性を自覚したときに取り組めばよいと思います。

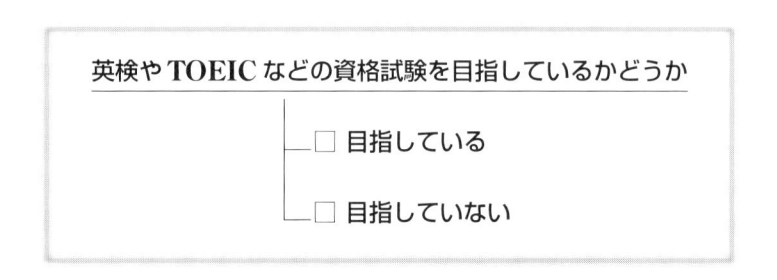

英検やTOEICなどの資格試験を目指しているかどうか

- □ 目指している
- □ 目指していない

英検やTOEICなどの資格試験では、普通の英語が使われています。特殊な単語や文法が使われることはありません。問題形式も普通です。したがって対策としては、普通に英語をトレーニングすればよいということになります。ただし、ながら学習の内容やテキストの選択などで、若干の違いが出てくることがあります。

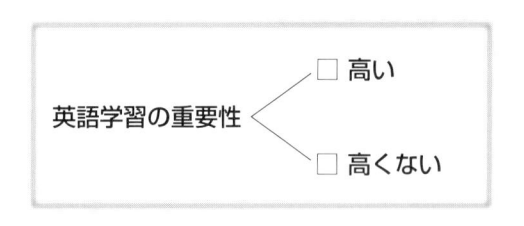

英語学習の重要性

- □ 高い
- □ 高くない

重要性が高くない人は、本書のような学習本の読者層としては少数派かもしれませんが、それでも一定の割合でいると思います。たとえば、仕事で必要なわけでもないのでシャカリキに学習するつもりはないけれど、今の時代、英語を学習して損になることはないし、どうせ学習するなら効率的に進めたい、というようなタイプです。このような場合は、集中した学習とながら学習のうち、ながら学習は省いてもいいでしょう。集中した学習のほうは、たとえ短い時間でも必要です。その短い時間で基本を繰り返してください。

重要性の高い人は、集中した学習とながら学習の両方の時間を多めに確保することが必要です。スキマ時間の活用も積極的に行なってください。早く結果を出したいという焦りから、基本や復習をイイカゲンにすることのないよう、注意しましょう。

以上から、次の14の組み合わせが得られます。

なお「資格試験を目指しているのに、学習の重要性が低い」というような、矛盾した組み合わせは省いてあります。趣味でノンビリと英語学習を楽しむ人はいますが、趣味でノンビリと資格を目指す人はいないでしょうから。

同様に、「資格試験を目指しているのに、発音が不要」という組み合わせも省いてあります。たいていの資格試験ではリスニングが必須であり、聞き分けるために発音のトレーニングが必要になるからです。

優先する技能	発音トレーニングの必要性	資格試験を目指しているかそうでないか	英語学習の重要性	おすすめのプラン
リーディング	あり	目指している	高い	**1**
	あり	いない	高い	**2**
	なし	いない	高い	**3**
	なし	いない	高くない	**4**
リスニング	あり	目指している	高い	**5**
	あり	いない	高い	**6**
	あり	いない	高くない	**7**

スピーキング	あり	目指している	高い	**8**
	あり	いない	高い	**9**
	あり	いない	高くない	**10**
ライティング	あり	目指している	高い	**11**
	あり	いない	高い	**12**
	なし	いない	高い	**13**
	なし	いない	高くない	**14**

重要性が高くない**4**、**7**、**10**、**14**のプラン解説は後ろ（p.79）にまとめてあります。

自分が該当する学習プランだけ読んでいただければ大丈夫です。

❶ ➡ リーディング優先で、発音が必要で、資格試験を目指していて、重要性が高い

私がオススメする大まかなプラン

屋内ではテキストを用いて集中して学習し、屋外では携帯用プレーヤーでながら学習する２本立て

屋内での意識を集中した学習

- 1ヵ月目　中学文法
- 2ヵ月目　基本3000語
- 3ヵ月目　プラス3000語
- 4ヵ月目　直読直解
- 5ヵ月目　高校文法
- 6ヵ月目　構文
- 7ヵ月目　発音
- 8ヵ月目　復習
- 9ヵ月目　語彙の上乗せ、多読
- 10ヵ月目　復習
- 11ヵ月目　語彙の上乗せ、多読
- 12ヵ月目　復習

８ヵ月目に、これまでの復習をし、今後の計画を見直します。今後もリーディングを優先する場合は、語彙を上乗せして覚えていきましょう。英字新聞を読みたい人は時事単語集を覚え、ペーパーバックを読

みたい人は中上級用の一般単語集を覚えましょう。多読を取り入れるのも有効です。ペーパーバックや雑誌など、読みたいものにチャレンジしてもいいし、資格試験の長文を読んでもいいです。『リーディング』（p.147）も参照してください。そして復習は定期的に繰り返してください。

屋外でのながら学習

- 1ヵ月目　発音テキストの発音記号に関するページ（『英語徹底口練！』（実務教育出版）の72～99ページ）を軽く読んでおくとともに、音源を常に聞き流す
- 2ヵ月目　1ヵ月目と同じか資格試験の音源
- 3ヵ月目　1ヵ月目と同じ
- 4ヵ月目　1ヵ月目と同じか資格試験の音源
- 5ヵ月目　1ヵ月目と同じ
- 6ヵ月目　1ヵ月目と同じか資格試験の音源
- 7ヵ月目　1ヵ月目と同じ
- 8ヵ月目　1ヵ月目と同じか資格試験の音源
- 9ヵ月目　1ヵ月目と同じか資格試験の音源、あるいは屋内での集中学習に新しい単語集を取り入れた場合は、その単語集の音源
- 10ヵ月目　1ヵ月目と同じ
- 11ヵ月目　1ヵ月目と同じか資格試験の音源、あるいは新しい単語集の音源
- 12ヵ月目　1ヵ月目と同じ

屋外のながら学習で聞き流す音源のメインは、発音テキストの発音記号に関するページです。屋内のモデルプランを見ればわかるとおり、発音を集中してトレーニングするのは7ヵ月目からですが、早めに下準備をしておくのです。下準備ですから、耳が聞き取れなくても気にする必要はありませんが、頭ではどんな英語が流れているのか認識できていると効率的です。そのために、1ヵ月目からテキストの該当ページを流し読みしておきます。

発音テキストの音源だけを半年から1年くらい聞き流していてもかまわないのですが、資格試験を目指しているのであれば、飽きないように交互に聞いてもいいでしょう。9ヵ月目に入って、屋内で単語集などを新しく学習している場合は、その単語集の音源でもかまいません。

常に音源を再生して耳に流しておき、疲れているときは本当に流しているだけ、余裕があれば意識を集中し、さらに余裕があれば声に出してみる、といった具合に柔軟に取り組んでください。

屋内と屋外でキッチリと学習すれば、これだけで英検2級から準1級、TOEIC 700前後には到達します。期間は、あくまで目安なので、急ぐ人は短期集中して半年ぐらいに短縮することが可能です。

❷ ➡ リーディング優先で、発音が必要で、資格試験を目指しておらず、重要性が高い

〈**❶ ➡ リーディング優先で、発音が必要で、資格試験を目指していて、重要性が高い**〉と、ほぼ同じです。違うのは、資格試験を目指していないため、屋外での流し聞きの音源として資格試験の音源を使わない点です。流し聞きの音源はこだわる必要はありませんので、発音テキストの音源を半年から1年聞き流してもかまいませんし、何か関心のあるものがあれば、それと交互に聞き流してもかまいません。

❸ ➡ リーディング優先で、発音が不要で、資格試験を目指しておらず、重要性が高い

リーディングだけできるようになりたいという人は、案外多いのではないでしょうか。資格試験も海外旅行も英会話も関心がないけれど、海外のベストセラー作家の最新作を原書で読みたい、というような場合です。学習のモチベーションが高く、発音のトレーニングに時間を割く必要がないので、短期間での目標到達が可能です。学習の手順は、やはり〈**❶ ➡ リーディング優先で、発音が必要で、資格試験を目指していて、重要性が高い**〉と、ほぼ同じです。

違うのは、発音や資格試験に関連するトレーニングを省略する点です。ながら学習で聞き流す音源としては、音源つきの単語集があればそれを聞いてもいいでしょう。もちろん、聞き流すだけで単語を覚え

られることを期待するのではありません。単語を覚えるにあたって、何もせずに耳を遊ばせておくよりはよいだろう、ぐらいの軽い期待で聞くのです。単語集でなければ、『英会話・ぜったい・音読「入門編」』（講談社インターナショナル）のような中学レベルのやさしい長文の音源を聞き流してもよいでしょう。こちらも、何もしないで耳を遊ばせておくよりは、英語を流しておいたほうが、直読直解に少しは役立つかもしれない、ぐらいの軽い期待で聞いてみましょう。

❺ ➡ リスニング優先で、発音が必要で、資格試験を目指していて、重要性が高い

リスニングができるためには、前提としてリーディングができる必要がありますので、最初の半年は、〈❶ ➡ **リーディング優先で、発音が必要で、資格試験を目指していて、重要性が高い**〉と同じです。高校文法や構文は、一見リスニングに関係なさそうですが、これができないと、たとえ耳が英単語を正確にキャッチしても、頭脳が英文を理解できません。

トレーニングに違いが出てくるのは、8ヵ月目からです。8ヵ月目は、これまでの復習と計画の見直しをします。今後もリスニングを優先する場合は、屋内の学習に、スクリプトと音源を丁寧に学習する、いわゆる「精聴」を取り入れると効果的です。テキストと音源は、屋外で聞き流し用に使っていた発音テキストや資格試験のものがよいでしょう。『リスニング』（p.151）も参照してください。9ヵ月目は精

聴、10ヵ月目は復習、11ヵ月目は精聴、12ヵ月目は復習というように、交互に行なってください。

❻ ➡ リスニング優先で、発音が必要で、資格試験を目指しておらず、重要性が高い

〈❺ ➡ **リスニング優先で、発音が必要で、資格試験を目指していて、重要性が高い**〉と、ほぼ同じです。違うのは、資格試験を目指していないため、流し聞きに資格試験の音源を使わない点です。流し聞きの音源にこだわる必要がありませんので、発音テキストの音源を半年から1年聞き流してもかまいませんし、何か関心のあるものがあれば、それと交互に聞き流してもかまいません。

❽ ➡ スピーキング優先で、発音が必要で、資格試験を目指していて、重要性が高い

最初の半年は、〈❶ ➡ **リーディング優先で、発音が必要で、資格試験を目指していて、重要性が高い**〉と同じです。スピーキングは、適切な単語を、適切な語順で、適切な発音で並べることなので、単語と文法と発音をトレーニングすることになるからです。高校文法や構文の必要性を感じにくい人がいると思いますが、これができないと資格試験に出題される英語を読んだり聞いたりできません。スピーキングの際にも、自分の発言の大半は中学文法で間に合うにしても、少し複

雑なことを表現するには、高校文法や構文が必要になります。

違いが出てくるのは8ヵ月目からです。これまでの復習と計画の見直しをして、今後もスピーキングを優先する場合は、よりアウトプットを意識して復習しましょう。単語であれば、意味を覚えているだけでなく通じるように発音できることを目指し、文法であれば少しずつ例文を覚えて暗唱してみる、といった具合です。

また、単語と文法と発音が基本とはいえ、スピーキングならではの若干の機微も存在しますから、例文暗唱を取り入れるとよいでしょう。テキストは、定評があり、やさしい例文を用いたものであれば、必ずしも「スピーキング」の言葉が書名に入っていなくても大丈夫です。『英会話・ぜったい・音読「入門編」』（講談社インターナショナル）でも、『どんどん話すための瞬間英作文トレーニング』（ベレ出版）でも、『DUOセレクト―厳選英単語・熟語1600』（アイシーピー）でもかまいません。『スピーキング』（p.164）も参照してください。

9ヵ月目は例文暗唱、10ヵ月目は復習、11ヵ月目は例文暗唱、12ヵ月目は復習というように、交互に行なってください。

⑨ スピーキング優先で、発音が必要で、資格試験を目指しておらず、重要性が高い

〈⑧ スピーキング優先で、発音が必要で、資格試験を目指して

いて、重要性が高い〉と、ほぼ同じです。違うのは、資格試験を目指していないため、屋外での流し聞きに資格試験の音源を使わない点です。流し聞きの音源はこだわる必要がありませんので、発音テキストの音源を半年から1年聞き流してもかまいませんし、何か関心のあるものがあれば、それと交互に聞き流してもかまいません。

⑪ ⇨ ライティング優先で、発音が必要で、資格試験を目指していて、重要性が高い

最初の半年は、〈❶ ⇨ **リーディング優先で、発音が必要で、資格試験を目指していて、重要性が高い**〉と同じです。ここでも高校文法や構文の必要性を感じにくい人がいますが、これができないと資格試験に出題される長文を読むことはできません。ライティングの際にも、文章の大半は中学文法で間に合うにしても、少し複雑なことを表現するには、高校文法や構文が必要になります。

トレーニングに違いが出てくるのは、8ヵ月目からです。これまでの復習と計画の見直しをして、今後もライティングを優先する場合は、よりアウトプットを意識して、単語と文法を復習していくとよいでしょう。たとえば、単語を日本語→英語で覚えたり、例文を少しずつ覚えてみます。また、単語と文法が基本とはいえ、ライティングならではの若干の機微も存在しますから、『書く英語・基礎編』（英友社）のように、定評のあるライティングのテキストを少しずつ進めてみるのもよいでしょう。『ライティング』（p.159）も参照してください。

⑫ ➡ ライティング優先で、発音が必要で、資格試験を目指しておらず、重要性が高い

〈⑪ ➡ ライティング優先で、発音が必要で、資格試験を目指していて、重要性が高い〉と、ほぼ同じです。違うのは、資格試験を目指していないため、屋外での流し聞きに資格試験の音源を使わない点です。流し聞きの音源にこだわる必要がありませんので、発音テキストの音源を半年から1年聞き流してもかまいませんし、何か関心のあるものがあれば、それと交互に聞き流してもかまいません。

⑬ ➡ ライティング優先で、発音が不要で、資格試験を目指しておらず、重要性が高い

ライティングだけできるようになりたいという人も、案外多いかと思います。資格試験も海外旅行も英会話も関心がないけれど、仕事の関係で報告書やメールを書く機会が多いような場合です。学習手順は、〈⑫ ➡ ライティング優先で、発音が必要で、資格試験を目指しておらず、重要性が高い〉と、ほぼ同じです。違うのは、発音に関するトレーニングを省略する点です。ながら学習で聞き流す音源としては、❸と同じで、音源つきの単語集でも中学レベルのやさしい長文でもどちらでもよいでしょう。何もしないで耳を遊ばせておくよりは、英語を流しておくほうが、単語学習や直読直解に少しは役に立つかもしれない、ぐらいの軽い気持ちで聞き流してください。

⑦ ➡ リスニング優先で、発音が必要で、資格試験を目指しておらず、重要性が低い

⑩ ➡ スピーキング優先で、発音が必要で、資格試験を目指しておらず、重要性が低い

学習の重要性が高くない上記の2つのような場合でも、最低限必要なことはあります。発音記号、基本3000語、中学文法、直読直解です。

注意事項としては、重要性が高くなく、ゆっくり学習したい場合でも、「ながら学習だけ」では上達が難しいということです。

> **私がオススメする大まかなプラン**
>
> 屋内ではテキストを用いて集中して学習し、屋外では携帯用プレーヤーでながら学習する2本立て。もしくは屋内でのテキストを用いた集中学習のみ

屋内での意識を集中した学習

- 1ヵ月目　中学文法
- 2ヵ月目　基本3000語
- 3ヵ月目　直読直解
- 4ヵ月目　これまでの復習と計画の見直し

4ヵ月目に計画の見直しをして、「学習の重要性を高めたい」というように変化してきたら、そちらのモデルプランに従ってください。変

化がない場合は、これまでの復習を繰り返して、正確性と速度を上げていくとよいでしょう。そうすれば、いざ学習の必要性が高まったときでも、短期で上達できる準備ができています。

屋外でのながら学習

（1ヵ月目） 発音テキストの発音記号に関するページ（『英語徹底口練！』（実務教育出版）の72～99ページ）を軽く読んでおくとともに、音源を常に聞き流す

（2ヵ月目） 1ヵ月目と同じ

（3ヵ月目） 1ヵ月目と同じ

（4ヵ月目） 1ヵ月目と同じ

常に音源を再生して耳に流しておき、疲れているときは本当に流しているだけ、余裕があれば意識を集中し、さらに余裕があれば声に出してみる、といった具合に柔軟に取り組んでください。

❹ ⇒ リーディング優先で、発音が不要で、資格試験を目指しておらず、重要性が低い

⓮ ⇒ ライティング優先で、発音が不要で、資格試験を目指しておらず、重要性が低い

屋内のトレーニングは❼❿とほぼ同じですが、屋外でのトレーニン

グでは、発音テキストの流し読みと音源の流し聞きは、省略してもかまわないでしょう。発音が不要で、重要性も低いからです。流し聞きするのであれば、❸と同じで、音源つきの単語集でも中学レベルのやさしい長文でもよいでしょう。

頭を整理する目的で、重要性が高い場合の屋内のモデルプランのイメージを次ページに示しておきます。個々の具体的な学習手順は、次の3章で説明していきます。

● 屋内でのモデルプラン ●

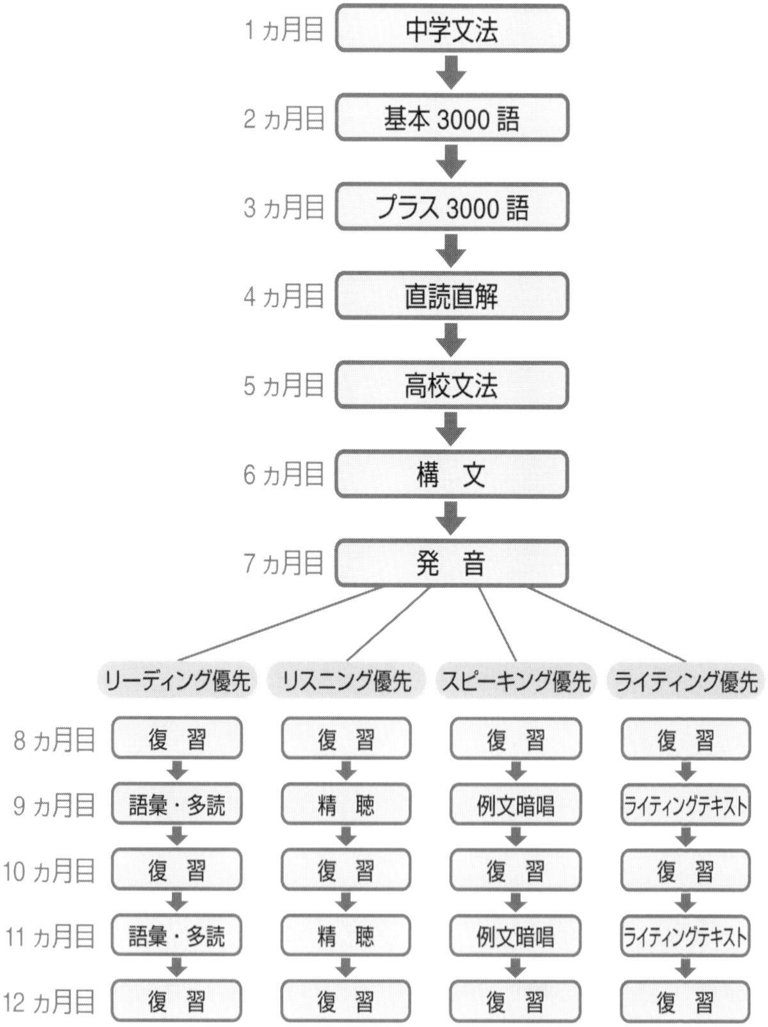
1ヵ月目
中学文法
2ヵ月目
基本3000語
3ヵ月目
プラス3000語
4ヵ月目
直読直解
5ヵ月目
高校文法
6ヵ月目
構　文
7ヵ月目
発　音
リーディング優先
リスニング優先
スピーキング優先
ライティング優先
8ヵ月目
復　習
復　習
復　習
復　習
9ヵ月目
語彙・多読
精　聴
例文暗唱
ライティングテキスト
10ヵ月目
復　習
復　習
復　習
復　習
11ヵ月目
語彙・多読
精　聴
例文暗唱
ライティングテキスト
12ヵ月目
復　習
復　習
復　習
復　習

● 第3章 ●

具体的な学習方法

00 ▶▶ 3章について

1 効率的な学習手順の概要

― なぜこの順序で学習するのか ―

3章では、効率的な学習手順を具体的に説明していきます。

効率的というのは、「どのように単語を覚えると効率的か？」というような個々の学習手順はもちろん、「どういう順序で単語や文法や発音や、いわゆる4技能（リーディング、リスニング、ライティング、スピーキング）を学習すると効率的か？」というような大局的な学習手順についても考慮しています。

3章のページ構成は、大半のモデルプランの順番にしたがって、中学文法、単語、直読直解、高校文法、構文、発音、リーディング、リスニング、ライティング、スピーキングの順で解説しています。4技能の前に、中学文法、単語、直読直解、高校文法、構文、発音といった基本項目をトレーニングすることになります。

4技能を早く上達したい人には、じれったく感じられるかもしれませんが、4技能は、細かく見れば、中学文法、単語、直読直解、高校文法、構文、発音といった基本項目から成り立っているので、これらの基本項目を先にトレーニングするのが合理的なのです。しつこいようですが、上達するということは、目標と現時点とのギャップを認識し、そのギャップを段階的に1つ1つ埋めていくことなのです。

中学文法が最初にあるのは、英語の基本だからです。基本という点では、単語と発音も同じですが、この3つのなかでは、中学文法が挫折しにくいです。単語集を1冊終えるより、中学文法の問題集を1冊終えるほうが圧倒的に早いのです。発音は、英語の音に耳が慣れるまでに数ヵ月から半年くらいの時間がかかってしまいますが、中学文法の問題集であれば1ヵ月あれば9冊できます。

中学文法のあとは単語に進みます。高校文法に進んでもよいのですが、高校の問題集では、やや難しい単語も出てきます。そのたびに辞書で確認していると、学習に嫌気がさす人がいます。それよりは、単語を覚えるほうが挫折しにくいです。

単語のあとは直読直解に進みます。直読直解とは、後述しますが、英語を英語のまま理解することです。意識してトレーニングしなくても、慣れや多聴、多読で、いつの間にか身につくのですが、意識してトレーニングすると、学習の初期段階でも身につきます。学習の初期段階で身につけておくと、高校文法や構文など、あとの学習がスムーズになることも理由で、早めにトレーニングします。

直読直解のあとは高校文法に進みます。これまでに中学文法、単語、直読直解をトレーニングしてあるので学習が快適に進みます。

高校文法のあとは構文です。構文というのは、これも後述しますが、文の構造のことです。どれが主語で、どれが述語動詞で、どれが目的語で、どれが補語で、どれが修飾語でどれにかかるか、を判断する力のことです。構文は文法の一分野なのですが、普通に文法を学習しているだけでは、身につきにくいのが現実です。そこで、構文を別枠でトレーニングすることになります。挫折しやすい分野ですが、これまでに中学文法、単語、直読直解、高校文法をトレーニングしてあるので、学習が快適に進みます。

構文の次は、発音に進みます。前述のとおり、発音は英語の基本ではあるのですが、耳が慣れるまでに時間がかかります。それまでは、下準備として発音テキストの音源を屋外での「ながら学習」で聞き流しておきます。半年ほどして構文のトレーニングが終わる頃には耳が慣れてくるので、ようやく、発音テキストを使った屋内での集中した学習を開始します。

モデルプランに従って中学文法、単語、直読直解、高校文法、構文、発音をトレーニングしたあとは、いわゆる4技能について、各自の優先する技能に進んでいただいても大丈夫です。3章での説明の順序としては、英語学習はインプットが基本なので、リーディングとリスニングを先に説明してあります。リーディングとリスニングでは、より前提となるリーディングを先に説明してあります。同じような理由で、ライティングとスピーキングでは、ライティングを先に説明してあります。

なお、ここで示した学習法は、初心者にとって最も望ましいと私が考える方法の骨格です。丁寧に説明しすぎると複雑になってわかりにくくなることもあるので、テキストの種類はあえて少なめにし、手順も簡素化してあります。

ただし、初心者向けだからといって、必要なトレーニングまで減らすようなことはしていません。繰り返しの回数は多めになっています。初心者ほど、繰り返しが必要だからです。

「こんなに多く?!」と圧倒されてしまう人もいるかもしれませんが、上達するにつれてスピードアップして短時間で終わるようになります。『先にいくほど簡単になるということを覚えておく』(p.195)も参照してください。

もちろん学習法に唯一絶対の正しい方法はないので、自分に合わせてアレンジしていただいてもかまいません。ただ、3章の中学文法から発音までは、まずはそのまま試してみることをおすすめします。1章や4章などは納得した箇所だけ取り入れていただければ幸いです。

1 中学文法からはじめる理由

— 急がば回れ —

「自分の目標は読んだり話したり聞いたり書いたり、要は英語を使えるようになることだ。中学文法は関係ない」という人もいるかもしれません。でも、中学文法ができていないと、英語は使えません。中学文法は、文字通りスタート地点です。スタート地点のレベルで文の意味がわからなければ、簡単なメールもウェブサイトも正しく読むことはできません。英字新聞やペーパーバックにいたっては、1ページはおろか一段落も読めないでしょう。そして読む力が不足していれば、当然、聞いてもわかりません。たとえ耳が音を完璧にキャッチしたとしても、頭脳が意味を理解できないからです。そして、読んだり聞いたりのインプットができない段階では、書いたり話したりのアウトプットは、なおさらできません。インプットが前提だからです。

「中学文法が基本なのはわかったけれど、自分は中学文法は大丈夫」と思っている人も、念のため、ここでおすすめする問題集を一度は解いてください。もし本当に中学文法が大丈夫であれば、時間もお金もたいしてかかりません。ページ数が少ないですから、1～2時間で全問正解できるはずです。

もし1～2時間で全問正解できなかったとしたら、それは中学文法が大丈夫ではなかった、ということです。基本である中学文法に弱点があるとわかったのですから、大きな収穫です。

上達するためには、いきなり目標地点でのトレーニングをするのではなく、現状から一歩一歩積み上げていくことが必要です。そして初級者の場合はもちろん、世間的には中級者とされていても、中学文法がグラグラしている人が多いのが現状なのです。

中学文法では、たとえばI, my, me, mineなどの代名詞の一覧表を覚えて基本的な使い方を学びますが、中級者を自認する人でも、しっかり覚えていない人がいます。たとえば、次のような空所補充問題であれば、

I saw a tall tree. (　　　　) was ...
私は、1本の高い木を見た。それは…

空所にはItが入ることがわかっても、

I saw tall trees. (　　　　) were ...
私は、高い木々を見た。それらは…

のように複数形になると、うろ覚えな人が出てくるのです。

答えはTheyです。Theyは「彼ら」と覚えている人が多く、それ

はそれで間違いではないのですが、もし人間にしか使えないと思っていたら間違いです。モノでも使えるのです。

接続詞も勘違いしている人が多いです。たとえば次の文ですが、

It began to rain after I got home.

英語の語順で理解しようとして、

It began to rain ／ after ／ I got home.
雨が降りはじめた／あと／私は帰宅した。

のように分割し、そのままつなげて

×「雨が降りはじめたあと私は帰宅した。」

と解釈してしまう人がいますが、これは間違いです。「私が帰宅したあとで雨が降りはじめた。」が正しいです。

because も似たような誤解をしやすい接続詞です。たとえば次の文ですが、

He likes her because she likes him.

やはり英語の語順で理解しようとして、

He likes her ／ because ／ she likes him.

彼は彼女を好きだ／だから／彼女は彼を好きだ。

のように分割し、そのままつなげて、

×「彼は彼女を好きだ。だから、彼女も彼を好きだ。」

と解釈する人がいますが、間違いです。正しいのは、「彼女が彼を好きだから、彼は彼女を好きだ。」です。

自然さやニュアンスを気にする人がいますが、中学文法がグラグラしていると、それ以前の段階で、意味を間違えてしまうのです。

上記の他にも勘違いしやすい文法事項はたくさんあります。そして、繰り返しですが、中学文法は基本です。もし基本がグラグラしていたら、知識を積み上げていくことはできません。

高校文法や資格試験の問題集を使って、「文法用語がわからない」と嘆く人もよくいますが、たいていの場合、中学文法が曖昧なまま、身の丈に合わない問題集を使っているのが原因です。

中学文法で習う文法項目には、たとえば次のようなものがあります。

動名詞、現在分詞、過去分詞、不定詞、関係詞、進行形、受け身、完了、5文型、主語、述語（動詞）、目的語、補語、修飾語、句、節、名詞、代名詞、動詞、形容詞、副詞、助動詞、接続詞、前置詞、など

基本とはいえ、それなりに高度なものが含まれています。中学文法をしっかり学習していれば、これらの文法用語の基本も身につくということです。高校文法や資格試験の問題集で「文法用語がわからない」ということはなくなります。

次ページに中学文法の薄い問題集を9冊ほど示してあります。「9冊も～！？」と驚く人もいるかと思いますが、それくらい中学文法は大切だということです。1冊が薄いですから、たいして時間はかかりません。1冊を1～2時間で全問正解できるまで繰り返しましょう。

急がば回れです。

2 問題集で基本を固めよう
― おすすめのテキストと手順と期間 ―

9冊まとめて購入し、一気に短期集中でマスターするのがおすすめです。基本がしっかりしている人ほど、あとの学習がスムーズに進みます。

『中1英語をひとつひとつわかりやすく。』学研
『中2英語をひとつひとつわかりやすく。』学研
『中3英語をひとつひとつわかりやすく。』学研
『高校入試集中ドリル夏トレ　英語』文英堂
『高校入試　とってもすっきり英語　中学1～3年　新装版』旺文社
『高校入試　基礎の完成　英語』学研
『高校入試　基礎からできる総復習　英語』創育
『高校入試　基礎テスト　英語』富士教育
『中学英語の総復習―3年間の基本事項総チェック』くもん出版

『中 1 英語をひとつ
ひとつわかりやすく。』

学研　1029 円

『中 2 英語をひとつ
ひとつわかりやすく。』

学研　1029 円

『中 3 英語をひとつ
ひとつわかりやすく。』

学研　1029 円

『高校入試集中ドリル
夏トレ　英語』

文英堂　525 円

『高校入試　とってもすっきり英語
中学 1 ～ 3 年　新装版』

旺文社　924 円

『高校入試
基礎の完成　英語』

学研　714 円

『高校入試　基礎から
できる総復習　英語』

創育　924 円

『高校入試
基礎テスト　英語』

富士教育　609 円

『中学英語の総復習―
3年間の基本事項総チェック』

くもん出版　1050 円

おおよそ取り組みやすい順に並べましたので、中学文法に不安がある人は、この順でやるとよいでしょう。ただし、この順序でないと効率的でない、ということではないので安心してください。中学文法の問題集は、説明の仕方や量、レイアウトなどに若干の違いはあっても、根本は同じです。文法の基本が同じだからです。

「中学文法が基本だというのはわかるけれど、9冊もやるなんて大変そう！」と心配する人もいるでしょう。しかし実際にやってみれば、想像したほど大変ではないのがわかるでしょう。2冊目、3冊目と進むにつれて復習を兼ねるようになりますから、どんどん楽になり、スピードもあがるのです。

手順

1）1ページ目から問題を解いていきます。

1周目は、紙に書き出してみましょう。新品のノートは必要ありません。裏紙で十分ですし、ファミレスや喫茶店で学習するときは、紙ナプキンで十分です。

ちなみにTOEICでは2時間で200問を解くことが求められます。それを考えると、はるかにやさしい中学問題集は、1冊1～2時間で解けるようになりたいものです。いきなり1冊1～2時間というのは無理にしても、「近いうちに1冊1～2時間で解けるようになろう！」と意識して学習してください。「1日1ページずつ着実にやろう」のような、一見堅実そうで、実は不必要に遅すぎるペースにならないよう、注意してください。

2）答え合わせをして、間違った問題にマーキングしておきます。

中学文法の問題集は、解説が簡潔なものが多いです。理解できるものは理解し、理解できないものは「そういうもんなんだ」と覚えてしまいましょう。『解説が簡潔すぎて不安なとき』（p.99）も参照してください。

3）マーキングした問題を再度、解いていきます。

答え合わせをして、再び間違っていた問題には、再びマーキングし、間違えなくなるまで、何度も繰り返し解いていきます。

4）手順 1）から 3）までを何度も繰り返します。

2 周目以降で、簡単に感じられるようになったら、口頭もしくは頭の中で解いてみましょう。簡単に感じられない場合は、紙に書いていきましょう。最終的には、すべての問題を口頭もしくは頭の中で解けるようになるまで、5 周でも 10 周でも繰り返してください。1 冊を 1 ～ 2 時間ぐらいで全問正解できれば、次のテキストに移って、同じように繰り返しましょう。

期間

1ヵ月ぐらい集中して、中学文法に取り組んでみましょう。

週休2日の人が平日に1時間、休日に8時間学習すると、1週間で21時間、1ヵ月で84時間学習できます。84時間あれば、ゼロから学習を開始したとしても、紹介した問題集すべて1冊1～2時間で終えられるようになります。

現実には、平日だけ通勤電車で30分しか学習できない、という人も多いでしょう。その場合でも、20日間ほぼ連続して、薄い問題集を基礎から繰り返し学習するわけですから、それなりに上達しているはずです。

1ヵ月をすぎると、いくら中学文法が大切とはいえ、多くの人は飽きてしまいます。進捗度にかかわらず、いったん単語など別のトレーニングに切り替えましょう。いずれ復習で、中学文法に戻ってきます。

注意点

このようなアドバイスをすると、必ずといっていいほど、分厚い本格的な問題集や、大人のための中学文法の復習のテキストを購入して、「先生、難しくて1～2時間では終わりません」と嘆く人が出てきます。しかし、やるべきテキストは、しつこいようですが、中学生のための薄い問題集です。

上記と完全に同じ問題集を購入する必要はありませんが、代わりの問題集を購入するときは、同等か、よりやさしい問題集を選ぶようにしてください。中学3年分を1冊で復習できる問題集の代わりに、中学1年、2年、3年と分冊になっているものを3冊購入しても大丈夫です。

なお、「1冊1～2時間で全問正解」というように基準に幅があるのは、ページ数や問題数が異なるからです。代わりに、「問題を見た瞬間に自信をもって正解がわかること」という判断基準でも大丈夫です。

3 解説が簡潔すぎて不安なとき

― 理由を求めすぎずに、割り切って暗記する ―

中学文法の薄い問題集は、解説が簡素なものがあります。このため、「解説不足でわからない」と不安になる人もいます。しかし、これは「物事には何でも理由がある」という錯覚から生じた感想です。

たとえば子どもに「地球は丸い」と教えたとします。そのとき、「なぜ地球は丸いの？」と質問されたら、困るのではないでしょうか。「理由はない。そうなっているからそうなっている」や、「丸いから丸いんだ」としか答えられないのではないでしょうか。

科学知識のある人は、「46億年前に星間ガスのカタマリが引力で結びついてウンヌン…」と説明できるかもしれません。しかし「それはなぜなの？」と再び質問されたら、やっぱり困るのではないでしょうか。専門家であれば答えられるかもしれませんが、その場合でも、この子どもは「それはなぜなの？」と、どこまでも質問することが可能です。こうなったら、もう答えられる人はいないでしょうし、たとえ答えられたとしても、子どもに理解できるレベルでの説明は無理でしょう。

要は、物事の根底になるほど、「なぜ？」という疑問に意義がないことがあるのです。単に事実としてそうなっている、あるいは、説明しても質問者の理解を超えている、という場合があるのです。

中学レベルの問題集は、基本中の基本を扱っているため、解説は少なくて当然なのです。「そうなっている」という事実の説明で十分な場合があるのです。

中学文法で学習する事柄は、なじみにくいものがあったとしても、割り切って暗記してしまうのがコツです。そのうちに、なじんで身についてくるものです。

「丸暗記はダメ、理解が大事」と頑なに思い込んでいる人は多いですが、その姿勢こそ、「丸暗記はダメ、理解が大事」というセリフを丸暗記しているだけのように思えます。

理解できるものはもちろん理解し、理解できないものは割り切って暗記する、というように、臨機応変に柔軟に対処してください。

02 ▶▶ 単語

1 まずは 3000 語を目指す

― おすすめの単語集と手順と期間 ―

単語集は、「こんなに簡単でいいの？」というレベルからはじめましょう。

簡単な単語集に未知の単語があったら、それは覚えるべき重要単語ですし、既知の単語ばかりだったとしても、その場合はあっという間にチェックが終わりますから、時間の無駄にはなりません。

そのような基本単語集として、『究極の英単語 Vol.1』（アルク）、もしくは拙著になりますが、『ABC 単語集　超初級編 3000 words』（国際語学社）がおすすめです。she や of のような超基本単語を含めて 3000 語が収録されています。

『究極の英単語 Vol.1』

アルク　1680 円

『ABC 単語集　超初級編 3000 words』

国際語学社　1470 円

手順

1）未知の単語をマーキングしていきます。

未知の単語をマーキングするのは下準備にすぎませんから、さっさと終わらせるのがコツです。

細かい解説や例文は、読む必要ありません。

時間をかければ思い出せそうなとき、未知なのか既知なのか判断に迷って、「チェックするだけで時間がかかってしまうんです」と嘆く人がいます。しかし、曖昧な単語は使えません。一目見て意味を思い出せない単語は、いさぎよく未知と判断してマーキングしてください。

未知の単語をマーキングするだけですから、1語につき1～2秒でチェックできます。『究極の英単語 Vol.1』は3000語ですから、3000～6000秒で終わります。ときどき休憩しながら1～2時間で終えられる作業です。購入した日のうちに、1冊すべてをチェックできます。

人によっては仕事を終えたあと、疲れきった状態で寝る前に数十分だけ学習する、という場合があるでしょう。それでも、1語につき3秒かかることはないでしょうから、9000秒で終わります。計3時間あれば終わります。

2) マーキングした未知の単語を、「覚えよう」と意識しながら、英語→日本語で数回ずつ暗唱していきます。

たとえば、「ability 能力」「ability 能力」「ability 能力」のように暗唱するのです。「そんな機械的な暗唱なんて覚えにくいに決まっている！」と決めつける人もいるかと思いますが、「覚えよう」と意識して暗唱してみれば、意外と早く覚えられるものです。食わず嫌いは本人が損をします。

訳が複数ある場合は、まずは代表的な意味を1つ覚えておきましょう。

暗唱は、音読でも黙読でもかまいません。

暗唱する回数は、トレーニングをしているうちに自分に適した回数がわかってきます。基本単語ほど覚えやすいですから、暗唱の回数は少なめで（たとえば5回）、一度にこなすページ数を多めにするのがよいでしょう。

発音は、自分にできる範囲で意識するようにしてください。発音記号を読めない場合は、発音は後回しにして、意味を覚えることに専念してもかまいません。

3）手順 2）の単語を、訳語を手で隠しながら、意味を言えるか確認していきます。

意味を言えないものは再度マーキングして、「覚えよう」と意識しながら、英語→日本語で暗唱します。それでも覚えにくい単語は、日本語→英語に切り替えて暗唱すると、覚えやすくなることがあります。

4）手順 2）と 3）を繰り返します。

期間

中学文法と同じように、ひとまず 1 ヵ月を目安にしてください。

覚えるのが早い人は、数日から 1 週間で覚えてしまいます。その場合は、『究極の英単語 Vol.2』に進んで、同じ手順で覚えてください。

覚えるのが早くない人でも、週休 2 日の人が平日に 1 時間、休日に 8 時間を確保すれば、ゼロから学習を開始したとしても、3000 語は覚えられます。

平日だけ通勤電車で 30 分しか学習できない人でも、超基本単語を 20 日間ほぼ連続して繰り返し学習するわけですから、かなり覚えているはずです。

1 ヵ月たったら、3000 語を全部覚えていようといまいと、次の 6000

語の学習に進んでみてください。覚えるべき単語が他にも多くあることを実感できれば、「のんびりしている場合じゃない！」と、学習の真剣度が高まるからです。1ヵ月を目安にトレーニングを切り替えるのは、トレーニングの全体像を早めに把握して、自分の立ち位置を把握するためでもあります。

注意点

繰り返すようですが、未知の単語をピックアップする作業は下準備にすぎません。下準備だけでトレーニングをしているつもりにならないよう、注意してください。その単語を「覚えよう」と意識しながら暗唱して、覚える作業に時間を割く」のが、基本中の基本です。

多読や聞き流しだけで自然に覚えられることを期待する人もいますが、意識して覚える作業が抜けているため、大半の人は覚えられません。

「例文を覚えるべき」「単語の使い方を覚えるべき」「可算・不可算に注意すべき」「ニュアンスを気にするべき」など理想論にとらわれる人もいますが、まずは意味を覚え、余裕があれば発音を覚えましょう。現実にできる範囲で、重要な事柄から取り組むことが大事です。

2 単語はどのくらい覚える必要があるのか

― 一般論として6000語は必要 ―

単語学習では、「どれくらい覚えるべきか」で迷う人が多いです。原則的な答えは、「自分が目標とする英語で語彙不足を感じなくなるまで」です。目標が各自で異なるので本来は一概に言えないのですが、一般論として、目標が資格試験であれビジネスであれ日常会話であれ、6000語は必要だと思います。理由を、拙著『ABC単語集6000 words』から引用して示します。

アルクから『究極の英単語Vol.2』という単語集が出版されています。同社が編集した『標準語彙水準12000』という段階別学習語彙リストにもとづいた単語集で、同リストの4000～6000語のレベルが収録されています。同書によれば、同書の4000語、5000語、6000語のレベルはそれぞれ、「英文読解の土台となる4000語」、「大学受験～TOEIC挑戦に必要な5000語」、「TOEIC高得点が射程距離内になる6000語」とのことです。

桐原書店から『JACET8000英単語』という単語集が出版されています。大学英語教育学会の語彙表「JACET8000」をもとにした単語集です。同書によれば、同書の4000語、5000語、6000語レベルはそれぞれ、「大学受験、大学一般教養の初級に相当」、「難関大学受験、大学一般教養に相当」、「英語を専門としない大学生やビジネスマンがめざすレベル」とのことです。

アイシーピーから『DUO3.0』という単語集が出版されています。同書によると、同書の見出し語2569語とその派生語・関連語2214語を合わせた4783語に、中学基本語や日本語として定着して誰でも知っている語を加えると、6000語程度の語彙レベルになるとのことで、このレベルの語彙量があれば、「大学入試（偏差値）58～65程度」、「英検準1級」、「TOEIC600～780点」の試験において、語彙で困ることはほとんどないとのことです。

もちろん、単語の数え方や選び方、熟語や派生語の扱いなど様々な要素によって、一口に6000語といっても内容は異なります。しかし大局的に見れば、基本単語を含めて6000語ぐらいまでは、たいていの英語学習者にとって必要であると言えるでしょう。

そういうわけで、3000語を学習したあとは、6000語を目標にしてみましょう。

3 次に6000語を目指す
― おすすめの単語集と手順と期間 ―

すでに6000語レベルの単語集をお持ちであれば、それを利用すればいいでしょう。お持ちでない場合は、以下のいずれかがおすすめです。

『DUO3.0』アイシーピー
『究極の英単語 Vol.2』アルク
『ABC単語集 6000 words』国際語学社

『DUO3.0』

アイシーピー　1260円

『究極の英単語 Vol.2』

アルク　1680円

『ABC単語集6000 words』

国際語学社　1890円

上記3冊は、若干のレベルの違いはありますが、おおよそ6000語レベルです。書店で手にとって、相性のよさそうなものを使ってください。

手順

手順は、3000 語のときと基本的に同じです。若干の異なる点だけ、記しておきます。

『DUO3.0』のような例文タイプの単語集は、未知の単語にマーキングするとき、「例文ではなく、見出し語だけ見て意味がわかるかどうか」で判断していきます。例文を読まないと意味を思い出せないようでは、「覚えている」といえません。いさぎよく未知と判断してマーキングしてください。

暗唱する回数は、語彙レベルが高くなるほど、覚えにくいものも増えてきますから、暗唱の回数は多めで（たとえば 10 回）、一度にこなすページ数を少なめに調整しましょう。

暗唱の回数を増やしても覚えにくい相性の悪い単語があったら、各単語集の特長を活用してください。『DUO3.0』であれば例文を音読したり、『究極の英単語 Vol.2』であれば単語の使い方を読んだり、『ABC 単語集 6000 words』であれば付属のヒントを利用したり、といった具合です。

注意点

『DUO3.0』のような例文タイプの単語集は、本来想定されている使い方で、つまり例文を覚えることで単語を覚えようとすると、負荷が高すぎて挫折する人が多く出てきます。そういうやり方ではなく、まずは「mammal 哺乳類」「mammal 哺乳類」のように機械的に暗唱して、覚えられるものは覚えてしまい、残った覚えにくい単語のみ、単語を思い出すためのヒントとして例文を読む、というのが挫折しにくい方法です。

期間

やはり1ヵ月を目安としましょう。全部を覚えていなくても、次のステップに進んでください。また復習で戻ってきます。

1 直読直解について

― 日本語に訳さず、英語のまま、英語の語順で理解する ―

直読直解というのは、英語を日本語に訳さず、英語のまま、英語の語順で理解することです。

学習をはじめたばかりの段階では、たいていの人は、文末から日本語に変換して、いわゆる「返り読み」をしています。

“I met Tom in the park yesterday.” であれば、文末から文頭に視線をずらしながら、「昨日」「公園で」「トムに」「会った」「私は」と訳して、初めて「あー、そういうことか」と納得する読み方です。

これだと時間がかかるので、文頭から文末へ1回だけ読んで英語のまま理解することを目指すのです。学習を開始したばかりだと、「そんなことができるの？」と半信半疑になる人もいますが、大丈夫です。

“I love you.” や “What is your name?” のような簡単な英語は、日本語に訳さなくても理解できますね？　これが直読直解ができている状態なのです。もちろん、これは日本語化している英語だから簡単に理解できるという一面はありますが、英語は訳さなくても英語のまま理解できるし、簡単な英語なら自分でもすでにできているということも、おわかりいただけると思います。

直読直解は、音読やリスニングなどの「返り読み」ができないトレーニングを続けていれば、徐々にできるようになるのですが、学習の初期に意識的に身につけてしまえば、あとの高校文法や構文の学習が効率よく進みます。

トレーニングで意識することは、「視線を早く動かすこと」「日本語を使わないこと」「できる範囲で英語からイメージすること」です。このトレーニングは難しそうな印象をもつ人が多いのですが、正確さは必要ないので、やってみると簡単です。

トレーニングは、単語レベルでの直読直解と、文章レベルでの直読直解の2種類があります。まず単語レベルから紹介します。

2 単語集で直読直解

― 縦に目を走らせる ―

単語レベルでの直読直解からはじめます。

手順

1）『究極の英単語 Vol.1』または『ABC 単語集 超初級編 3000 words』の英単語だけを見ながら、日本語を介さずに、意味をイメージします。

triangle →　三角　→　△

ではなく、

triangle →　△

とイメージするのです。

2）ページをめくりながら縦に目を走らせて、手順 1）を繰り返していきます。

意味を忘れている単語があったら横の日本語訳を見て、暗唱して復習しておきます。

ボキャビルのトレーニングで、3000 語を覚えきっていなくても 6000 語レベルに進んだのは、このように、いずれ復習することになるからでもあるのです。

期間

次項の文章レベルでの直読直解トレーニングと交互に日替わりで 1ヵ月トレーニングするとよいでしょう。

注意点

「triangle のような形をイメージしやすい具体的な名詞の場合はいいけれど、democratic（民主主義の）のように抽象的で、しかも名詞でない場合は、イメージしにくくなると思うんですけど…」と心配する人もいると思います。

しかし大丈夫です。抽象的でイメージしにくい単語でも、日本語を思い浮かべずに、「うん、わかる」という感覚が得られるものなのです。これは単語を覚えるときに、瞬間的に反応できるようになるまで繰り返して暗唱すれば、できるようになります。たとえば、democratic を覚えるときに、「democratic →民主主義の」「democratic →民主主義の」「democratic →民主主義の」のように、繰り返し暗唱して、見た瞬間に反応できるように速度を高めていくと、「democratic →

うん、わかる」という感覚が生まれるものなのです。ビジュアルにイメージできなくても、日本語を思い浮かべずとも理解できるようになります。

逆に、記憶が曖昧で反応速度が遅いと、本来は具体的でイメージしやすいtriangleのような単語であっても、直読直解できません。「えーっと、triangleは、えーと、えーと、なんだっけかなぁ…、あ、三角だ！」というように反応が遅いと、「三角だ！」と日本語が残ってしまいます。

反応速度を高めるのがコツです。

3 やさしい文章で直読直解
― 理解度は気にせず、左から右に目を動かす ―

単語でなく文章を使用して直読直解のトレーニングをします。

手順

1）手持ちの英文テキストを、日本語に訳さずに、左から右へ素早く目を動かしていきます。

手順はこれだけです。日本語の横書きの本を読むときと同じペースで、どんどんページをめくっていってください。

理解度は低くてかまいません。ゼロパーセントでも大丈夫です。不明な単語も不明な文章も、どんどん読み飛ばしてください。

テキスト

テキストは、長文であれば、なんでもかまいません。理解度はゼロでかまわないですし、不明箇所があっても読み飛ばしていきます。ペーパーバックや洋雑誌、英字新聞が手元にあれば、それを利用すればいいでしょう。

とはいえ、理解度が低いとトレーニングがつまらなくなることが多いですから、できるだけやさしいテキストを使うのが無難です。その点では、中学校の教科書がおすすめです。教科書は1冊数百円で購入できますから、発行されている教科書をすべて購入して、どんどん読み飛ばすとよいでしょう。

期間

1ヵ月を目安に、単語集の直読直解と日替わりでトレーニングしてみてください。相乗効果があります。

理解度が低くて退屈に感じたときは、「この1ヵ月だけ我慢してみよう」と割り切ってしまうのも一案です。1ヵ月続けていれば、だんだん理解度が上がってきて、退屈どころか楽しさを感じることもあります。

注意点

繰り返しになりますが、理解度は低くてかまいません。

「理解度が低いトレーニングは、繰り返しても効果はないのでは？」と不安かもしれませんが、大丈夫です。理解度を高めるトレーニングは、単語や文法や構文で別枠でトレーニングしているからです。

このトレーニングは、理解度ではなく、スピードを高めることが目的です。

スピードが上がらない人の多くは、「まず丁寧に読んで理解したあと徐々にスピードを上げていこう」とします。これは一見、合理的なようで、挫折するのが目に見えています。初心者の段階では辞書を使っても理解できない英文にも出合いますから、理解したあとで徐々にスピードを上げていこうにも、出発点でつまずくからです。

発想を変えて、理解度はゼロでもかまわないので最初から最速にし、そのスピードを保持したまま、理解度を 10 パーセント、20 パーセント、30 パーセントと高めていくのが合理的です。

英語は、ネイティブとほぼ同じ速度で、正確に理解できる必要があります。学習をはじめた段階では、両方とも不足していますから、両方のトレーニングが必要です。そして今やっているトレーニングは、ネイティブとほぼ同じ速度を身につけるためのものです。理解度が低いことを不安に思う必要はないし、理解度を気にしてスピードが落ちたらトレーニングの意義が小さくなるのです。

代替トレーニング

上記の説明を読んでも不安な人は、代わりのトレーニングとして、音読でも大丈夫です。音読していれば、日本語が介入する余地はありませんし、目が左から右へ移動するからです。「いかにもトレーニングしている」という気もしますから、不安になることはないでしょう。注意点は、黙読にくらべて音読はスピードが落ちるので、「より意識して早く読む」ことがポイントです。

04 ▸▸ 高校文法

1 高校文法の学習の必要性

― インプットで必要 ―

文法は、中学文法だけでなく高校文法まで必要です。たとえ自分がアウトプットするときはシンプルな中学文法しか使わないとしても、日常的なリーディングやリスニングでは高校文法が使われています。たとえば仮定法という言葉を聞いたことがあると思いますが、これは高校文法で学習する、日常的に使われている文法項目です。また、高校文法が身についていると、TOEIC などの資格試験の文法問題も簡単に解けるようになります。

高校文法は、挫折しやすい分野ではありますが、これまでモデルプランにしたがって学習していれば、中学文法、単語、直読直解が身についているので、快適に学習が進みます。

2 問題集を解く前に流し読みしよう

― おすすめのテキストと手順と期間 ―

高校文法は、以下の問題集を使ってトレーニングします。

『英文法・語法のトレーニング１　戦略編』Ｚ会

『Next Stage 英文法・語法問題』桐原書店

➡解説が丁寧。問題レベルは標準。

『新・英文法頻出問題演習［PART1 文法篇］』駿台文庫

➡解説が簡潔。問題レベルはやさしい。

『英文法・語法の
トレーニング１戦略編』

Ｚ会　1260円

『Next Stage
英文法・語法問題』

桐原書店　1365円

『新・英文法
頻出問題演習[PART1 文法篇]』

駿台文庫　903円

手順

1)『英文法・語法のトレーニング 1　戦略編』または『Next Stage 英文法・語法問題』のいずれかを、問題を解くのではなく、普通の 1 冊の本のように読み進めます。

いきなり問題を解くのは、負荷が高いものです。そこで最初は、問題も解答も解説も、一気に読んでしまいます。普通の本と同じように通して読んでしまうのです。それもジックリではなく、軽く斜め読みするイメージです。

なお語法のページはスキップしてください。

2)『新・英文法頻出問題演習［PART1 文法篇］』で、手順 1）を繰り返します。

学習には繰り返しが必要です。別の問題集を使うのは、人によっては同じ問題集だと飽きてしまうのと、1 冊目でわからなかったことも別のテキストだと簡単にわかることがあるからです。

3) 手順 1）と 2）を数回繰り返します。

高校文法は、本来は中学文法をマスターしたあとなら、落ち着いて取り組めば誰でも理解できるようになっています。ただ、難しくなるのも事実なので、ウォーミングアップを兼ねて、軽い流し読みを繰り返します。これによって高校文法の全体像も大まかに把握できます。

このあとは、中学文法とほぼ同じ手順です。

4)『英文法・語法のトレーニング 1 戦略編』または『Next Stage 英文法・語法問題』のいずれかを、1 ページ目から問題を解いていきます。

慣れてきたら、口頭や、頭の中だけで解いてかまわないのですが、1 周目は、紙に書き出してみましょう。

語法問題は、さしあたり後回しにしてかまいません。

5) 答え合わせをして、間違った問題にマーキングしておきます。

間違えた問題は、解説を読んでください。理解できるところは理解し、理解できない箇所は「そういうものなんだ」と覚えてしまいましょう。

6) マーキングした問題を再度、解いていきます。

答え合わせをして、再び間違っていた問題には、再びマーキングし、間違えなくなるまで、何度も繰り返し解いていきます。

7）手順4）から6）までを何度も繰り返します。

2周目に入って簡単に感じられるようなら、口頭もしくは頭の中で解いてみましょう。まだ簡単に感じられない場合は、念のため、紙に書いていきましょう。最終的には、すべての問題を口頭もしくは頭の中で解けるようになるまで、5周でも10周でも繰り返してください。

中学文法の問題集と同じように1～2時間で全部解けるようになることを目指してください。高校の問題集は「厚くて大変」という印象を受けるかもしれませんが、解説ページが多いだけで、問題数そのものは少ないのです。

8）『新・英文法頻出問題演習［PART1 文法篇］』で、手順4）から7）を繰り返します。

複数の問題集を使うのは、そのほうが定着するからです。

期間

1ヵ月を目安にしてください。

高校文法は、中学文法よりは難しくなりますが、ここでは2冊やるだけですから、1ヵ月で終えられます。もし1ヵ月で終わらなかったとしても、次の構文のステップに進んでください。また復習で戻ってきます。

注意点

使用する問題集は、定評のある高校文法の問題集をお持ちでしたら、それでも大丈夫です。

順番は、必ずしも前述の通りでなくても大丈夫です。『英文法･語法のトレーニング1　戦略編』または『Next Stage英文法・語法問題』を先にしたのは、この2冊のほうが説明が詳しいため、最初は使いやすく感じる人が多いだろうからです。逆にいえば、解答をテキパキ暗記して、あとで理解していくタイプの人には、やや冗長に感じられることがあります。そのような人は、『新・英文法頻出問題演習［PART1文法篇］』からはじめたほうが快適に進むでしょう。

3 理解できないときは前に戻る

― 学習が進むにつれて頭が混乱してくる人 ―

学習が進むにつれて頭が混乱してくることがあります。混乱する原因は様々ですが、対処法はシンプルです。できなくなったら、できるところまで戻ることです。高校文法が難しかったら、中学文法に戻ればいいだけです。

学習は、本来はやればやるほど、新しい知識が頭の中のネットワークと関連づけられて、整理されていくはずです。

学習すればするほど混乱するというのは、頭の中にネットワークができていないため、新しい知識を古い知識に関連づけられない状態です。モノが無秩序に投げ込まれた引き出しに似ています。モノをぶち込めばぶち込むほど混乱するのと同じく、学べば学ぶほど混乱していきます。

頭を整理して、文法の全体像を大まかに把握することが必要です。

いったん中学文法をおさらいしてください。それから高校文法に戻ってきてください。

4 理解できないときは暗記

― 難しい例文こそ丸暗記 ―

高校文法は、やや程度が高くなるため、理解しにくい例文や、感覚的にしっくりこない例文に出合うことがあります。こんなとき、「不自然な表現なのでは？」と拒絶反応を示す人がいます。

この気持ちはよくわかりますが、それだと学習が進まなくなります。学習するということは、未知の事柄を学び続けることだからです。

対処法としては、その例文を丸暗記してしまうのが得策です。5分も繰り返し暗唱していれば、誰でも覚えてしまいます。そして時折、思い出して暗唱してみるのです。そうすると不思議なもので、異物のようだった例文が徐々に自分になじんでくるのが感じられるはずです。

99ページの『解説が簡潔すぎて不安なとき』や、201ページの『しっくりこない表現に出合ったとき』も参照してください。

5 理解も暗記もできないときはスキップ
― 柔軟に対処しよう ―

前述のとおり、高校文法で頭が混乱したら、

① 中学文法に戻る
② 高校文法に再チャレンジする
③ それでも難しい場合は暗記する

という手順が効果的です。

それでもうまくいかない場合、たとえば不明点が長く複雑で暗記しにくい、というような場合は、一時的にスキップしてかまいません。

文法項目は、相互に関連していることが多いですから、いったんスキップして、あとで復習してみれば、あっさり理解できる場合もあるからです。

高校文法に限らず、本書でおすすめしている学習手順は、おおよそ次のようになっています。

① 全体像を大まかにつかむ
② 小さく分割して順番に理解していく
③ 理解が難しい場合は、理解できたところまで戻る

④　再度、難しい部分にチャレンジする
⑤　それでも難しい場合は暗記する
⑥　丸暗記も難しい場合は、飛ばして先に進む
⑦　上記を繰り返す

これは英語学習に限らず、仕事でもスポーツでも、ある程度まで共通している普遍的な上達の手順だと思います。学習していて行き詰まったら、この手順を思い出してみてください。

高校文法の失敗で多いのは、丁寧に学習しているつもりで①を省き、いきなり②からはじめて高い負荷に押しつぶされたり、理解できない箇所に遭遇したときに、③④⑤⑥のような柔軟な対処をしなかったり、⑦の復習をしなかったりと、失敗するのが目に見えているようなやり方が多いものです。

6 文法書を揃えよう

― まずは 3 種類揃えよう ―

文法書は、疑問点が出てきたときに、目次や索引から調べるためのものです。「先頭から丁寧に読みはじめたんですが、なかなか進みません」と嘆く人がいますが、使い方が不適切なだけです。

以下に定評のある文法書を示します。

『くもんの中学英文法―中学 1 ～ 3 年　基礎から受験まで』くもん出版
『総合英語 Forest 6th edition』桐原書店
『徹底例解 ロイヤル英文法』旺文社
『新マスター英文法』聖文新社
『英文法総覧』開拓社
『英文法詳解』学研
『表現のための実践ロイヤル英文法』旺文社
『英文法解説』金子書房

『くもんの中学英文法—中学1～3年 基礎から受験まで』
くもん出版 1260円

『総合英語 Forest 6th edition』
桐原書店 1575円

『徹底例解 ロイヤル英文法』
旺文社 1890円

『新マスター英文法』
聖文新社 1848円

『英文法総覧』
開拓社 2600円

『英文法詳解』
学研 1890円

『表現のための実践ロイヤル英文法』
旺文社 1890円

『英文法解説』
金子書房 1785円

すべて購入して不明点があったときに全部で調べるのがベストですが、現実には「そこまでは…」という人も多いでしょうから、まずは、中学文法書、入門的な高校文法書、本格的な高校文法書、の3種類を揃えるのがおすすめです。

中学文法書として。

『くもんの中学英文法—中学1～3年　基礎から受験まで』

⇒学習していて疑問点が出てきたら、まず、この文法書の索引や目次から調べるようにしてください。高校文法で初めて出てきたと思っていた疑問点が、実は中学文法の範囲内だった、ということがよくあります。中学文法の重要性を再認識するキッカケにもなるでしょう。

入門的な高校文法書として。
『総合英語 Forest 6th edition』
⇒レイアウトや説明が親しみやすく、中学文法から高校文法への架け橋として使いやすいです。

本格的な高校文法書として、いずれか1冊。
『徹底例解 ロイヤル英文法』
『新マスター英文法』
『英文法総覧』
『英文法詳解』
⇒この4冊は、例文の数、長さ、難易度などが、ほぼ同じです。書店で手にとって、相性のよさそうなものを1冊選べばよいでしょう。

『表現のための実践ロイヤル英文法』
『英文法解説』
⇒この2冊は、上記4冊より少しだけ例文が長い傾向があります。本来はたいした違いではないのですが、初心者には大きな違いに感じられることがあるので、購入は後回しにしてもかまわないでしょう。

1 構文のトレーニングで英語の形に強くなろう

― 英語は語順が大切 ―

日本語の場合、「私は、あなたを、愛します。」を、「あなたを、私は、愛します。」のように語順を変えても、ニュアンスはともかく、表している事柄は変わりません。

しかし英語では、“I love you.” を “You love me.” のように語順を変えると、表している事柄が変わってしまいます。

英語は、語順が大事だということです。

「文法的に正しくなくても、思いついた単語を口にすれば意思は通じる」という人がいますが、それだと、通じる意思の範囲が非常に狭いものになってしまいます。

英語の語順は、文の構造または構文ともいいます。構文は文法の一分野ではあるのですが、文法の問題集をトレーニングしているだけでは、身につかないことが多いのです。

これにはいろいろな理由があるのですが、1つは、文法の問題集や参考書では、1つの例文には問題点が1つしかないため、構文がシンプルなものになるからです。そのほうが問題点が浮き彫りになるからです。たとえば、関係代名詞を学習するのであれば、

I have a book which Soseki wrote.
私は漱石が書いた本を持っている。

I met a boy who likes Soseki.
私は漱石を好む少年に会った。

のように関係代名詞以外の部分はシンプルになっているのが普通です。このような例文によって、which と who の使い分けを学びやすいようにできています。

しかし、現実には問題点が複数ある文に出合います。たとえば、

I gave a boy who likes Soseki a book which Soseki wrote.

のような文です。これは上記の2例を同時に使っただけなのですが、構文を理解するのに時間がかかってしまうのではないでしょうか。もちろん意味は、「私は、漱石を好む少年に、漱石が書いた本を与えた。」です。

構文のトレーニングというのは、文法の応用トレーニングとでもいった趣きがあります。単に文法の問題集を解いているだけでは身につきにくいので、文法とは別枠で、構文のトレーニングをするのが望ましいのです。

2 少しずつ負荷を高める

— 構文は負荷が高いので、軽く何度も繰り返す —

構文のトレーニングは、次のテキストがおすすめです。

『必修英語構文』駿台文庫

『マスター英文解釈』聖文新社

『必修英語構文』

駿台文庫　1529円

『マスター英文解釈』

聖文新社　1600円

手順

継続しやすい手順を紹介します。

1）『必修英語構文』の、短い例文と訳だけ、1日で斜め読みします。

『必修英語構文』にかぎらず、構文のテキストはたいてい次のような構成になっています。

① 短い例文
② 訳
③ 解説
④ 長文
⑤ 訳
⑥ 解説

このうち、①と②の部分だけピックアップして先頭ページから最終ページまで斜め読みし、ウォーミングアップするとともに、全体像を大まかに把握してしまいます。ページ数が少ないので、1～2時間で読み終えられます。遅い人でも、3～4時間あれば十分でしょう。理解度は低くてかまいません。

2)『マスター英文解釈』で、手順1）を行ないます。

3）手順1）と2）を1週間ほど続けます。

2冊を日替わりで斜め読みするとよいでしょう。理解度は低くてかまいません。それでも例文が少しずつ頭になじんでくるのが感じられるはずです。

4）『必修英語構文』を短い例文と訳にプラスして、解説も読んでみます。

構文のテキストは、解説の部分が大切なのですが、初心者には親しみにくいことが多いです。しかし例文と訳をすでに何回も読んであるので、「ははー、そういうことか」と納得しやすくなっています。

これを1週間ほど続けてみましょう。5周でも10周でも繰り返してください。一度に完璧に理解しようとせず、軽く何度も読むことで少しずつ理解度を高めていくほうが、挫折しません。

5）『マスター英文解釈』で、手順4）を行ないます。

『マスター英文解釈』は、やや厚い参考書ですが、上記の手順で読めば、1週間で数周できます。

期間

1ヵ月を目安にするとよいでしょう。手順1）から5）まで合わせても3週間ですから、残りの1週間は復習を繰り返しておきましょう。

注意点

テキストの長文の部分（④⑤⑥）は、さしあたり省いてかまいません。

06 ▸▸ 発音

1 発音学習の必要性

― 大人になってからでも大丈夫 ―

「発音なんてイイカゲンでも通じる」という意見があります。しかし、身振り手振りで伝えられるような簡単なことを除けば、発音がイイカゲンでは、意味が通じないことは自明です。手書きの英文を考えてみればよいでしょう。もし字が下手で、アルファベットが判読できない英文を書いたとしたら、相手に意味は通じません。同じように、発音が判別できない英文を話してみても、相手には通じません。

以下は、1章のチェックリストでも示した、日本人にとって聞き分けや発音し分けるのが難しい音のペアの一部です。こうした、似たようなペアが英語には山ほどあります。

best, vest	light, right
them, then	leave, live（長さの違いだけではありません）
force, horse	cap, carp
think, sink	cop, cup（コップとクップではありません）
see, she	farm, firm
caught, coat, court	

このようなリストを見たとき、「数十個の単語ぐらい、通じなくても問題ないだろう」と思うかもしれませんが、これは全体の一部で氷山の一角なのです。たとえば、best と vest は、この単語だけが問題になるのではなく、

ban, van	bat, vat
bow, vow	base, vase
bale, veil	boat, vote
bolt, volt	bend, vend
berry, very	

のように、/b/ と /v/ の区別が大事な単語が他にもたくさんあるのです。

また、berry と very などは、/b/ と /v/ の区別だけでなく、/l/ と /r/ の区別も関連してきます。belly という単語が存在するからです。いわゆるベリーダンスのベリーで、お腹という意味です。“Thank you very much.” のつもりで belly much と発音している学習者は多いものです。

発音をイイカゲンにしていると、相手にかける負荷が高くなるし、相互に誤解する可能性も高くなります。

「イイカゲンでは通じない」といわれたところで、もし身につけるのが無理だとしたら、あきらめるしかないでしょう。しかし英語の発音

は、通じるように発音し分けられる程度には、大人になってからでも上達できるものです。大まかな基本手順は、以下のとおりです。

① 発音のテキストをよく読んで、
② 口の形や舌の位置を意識し、
③ モデル音をよく聞いて、
④ 真似しようと意識しながら発音し、
⑤ その自分の発音をよく聞いて、モデル音と違う場合は、手順①～④を繰り返す。

注意点

発音トレーニングにありがちな落とし穴は、例文集などの音源つきのテキストを使って、モデル音について漠然と声に出すというものです。これは、ある程度は上達しますが、すぐに限界がきます。モデル音を真似したつもりでいても、耳が正しくモデル音を識別していないので、同じ音が出ないのです。当たり前のことですが、right と light を聞いてわからない人が、漠然とカタカナ発音で「ライト」と発音しても上達しません。発音のテキストを用いて、合理的にトレーニングしましょう。上記の①から⑤のすべてが必要です。

2 発音記号を読めるようになろう
— おすすめのテキストと手順と期間 —

発音練習は、発音記号を読めるようになることが基本目標です。具体的には、以下の3つです。

- どのような音なのかイメージできること
- どのように口や舌を動かすのかがわかること
- その音を自分で出せること

次のテキストを使ってトレーニングします。

『英語徹底口練！—発音とリスニングの力を同時に高める本』
実務教育出版

発音記号を扱っているのは、72 〜 99 ページです。この部分の CD 音源は、5 トラックで、約 11 分です。

『英語徹底口練 !—発音とリスニングの力を同時に高める本』
実務教育出版 1575 円

手順

1）p.71で示したように、学習開始の1ヵ月目に72～99ページまでを、ざっと斜め読みします。

1時間あれば読み終わります。初心者でもわかるように丁寧に説明されていますが、もし不明な箇所があったら、一時的にスキップしてかまいません。

2）半年ほど72～99ページまでのCD音源を屋外では常に聞き流します。

3）p.79、p.84、p.92、p.99の「CD収録英文一覧」を紙にコピーして常に携帯しておき、屋外で聞き流しているときに時折、確認します。

聞き流しているだけとはいえ、わずか約11分の英語を数ヵ月にわたって繰り返し聞くわけですから、聞こえる箇所が増えてきます。それにともなって聞こえない箇所も、「今は何て言ったんだろう？」とスクリプトを確認したくなることが増えてきます。コピーして常にポケットに入れておけば、気軽に確認できます。4ページしかありませんから、かさばりません。

4）周囲の状況が許せば、声に出して真似してみます。

通勤や散歩の途中など、周囲に人がいないときは、音源に合わせて声に出してみましょう。

5）p.70 で示したように、7ヵ月目に、屋内での丁寧な発音練習を開始します。

今まで聞き流してきた音源で、今度は丁寧にトレーニングします。手順は本当にシンプルで、「よく聞いて、丁寧に真似をする」だけです。

ただ、これは当たり前のことのようで、実際は、なかなか難しいものです。多くの人が、「丁寧に真似をする」のではなく、なんとなくイイカゲンに声を出して「発音練習しているつもり」になってしまうのです。

これを防止するために、自分の発音をボイスレコーダーで録音して、ネイティブのモデル音とよく聞き比べてみましょう。

また口の形も、鏡で確認してください。たとえばテキストに「口を大きく開ける」と指示されているとき、本人は開けている「つもり」で実際には開いていないことが多いです。鏡で確認しないとわからないものです。

「やっているつもり」ではなく、「実際に自分がやっていること」を認識できることが大事です。

期間

モデルプランに合わせて、数ヵ月はこの手順を続けてください。

注意点

手順1)でテキストを斜め読みするとき、一字一句を理解できなくても大丈夫です。最初の数ヵ月から半年は耳慣らしだけで、本格的なトレーニングは開始しません。耳が慣れるまでに時間がかかりますし、仮に発音だけ先にマスターできたとしても、文法や単語の力が不足しているため、英語を聞けないし話せないからです。

だからといって、散歩中や通勤時のスキマ時間に耳を遊ばせておくのは、時間がもったいないです。そこで耳慣らしとして、発音のテキストの音源を携帯用プレーヤーなどで聞くわけです。

その程度の気軽な位置づけなので、テキストを完全に理解できなくても、さしあたりかまわない、ということです。

補足

トレーニングしているうちに「どういう口や舌で発音するのだろう？」という疑問がわいてきたら、7ヵ月を待つまでもなく72～99ページまでを、斜め読みではなく丁寧に読んでみましょう。それでも疑問が解決しないときは、次項で紹介する発音のテキストも参照してください。また、トレーニングしているうちに楽しくなって発音全般に関心がわいてきたら、72～99ページ以外のページも読んでみてください。

3 疑問点を調べるためのテキストを揃えておく

― 信頼できるテキストを入手しよう ―

揃えておくと重宝するテキストを紹介しておきます。

『ファンダメンタル音声学』ひつじ書房

『英語音声学入門』大修館書店

『日本人のための英語音声学レッスン』大修館書店

『ファンダメンタル音声学』
ひつじ書房　2520円

『英語音声学入門』
大修館書店　2520円

『日本人のための英語音声学レッスン』
大修館書店　2415円

この3冊は、文法でいえば文法書に相当します。学習していて疑問点が出てきたときに、目次や索引から該当箇所を調べて、付属の音源で音声を確認する、というのが初心者に適した使い方です。

3冊揃えるのがベストですが、「いきなり3冊揃えるのはチョット…」という場合は、書店で手にとって、相性のよさそうなものをどれか1冊選んでおけば間違いありません。

発音のテキストはマガイモノが多いのですが、上記3冊はいずれも音声学者によるもので信頼できます。

副読本として、次の新書もおすすめです。

『大人の英語発音講座』NHK出版

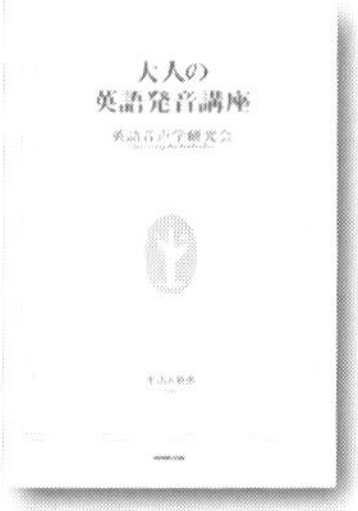

『大人の英語発音講座』

NHK出版　714円

数名の音声学者による共著です。各章がコラム風に独立していて、どこからでも読みやすくなっています。薄い本なので短時間で読み終えることができます。キャッチコピーに「習ってから慣れよ」とあるとおり、トレーニングの初期の段階で一読することをおすすめします。

07 ▶▶ リーディング

1 今後の学習の進め方
― 復習、多読、単語 ―

まずはモデルプランを参考にして、文法、単語、直読直解、構文をトレーニングしましょう。

これらを終えたあとのトレーニングは、復習、多読、単語が柱になります。

復習

今までに使ったテキストをまとめて、定期的に復習します。「今日（または今週、今月）は、復習の日（週、月）だ！」と自分に言い聞かせて、復習のための時間を設けるのです。要領がつかめてくると、「今日1日は復習だけする」とか「今週は復習だけする」のように、短い期間で大丈夫になりますが、最初のうちは、「この1ヵ月は復習の月だ」というように、1ヵ月まるまる復習に当てるのがおすすめです。

p.82 のモデルプランと、『復習の仕方』（p.178）も参照してください。

また、この頃になると基本が身についてきているので、余裕のある人は復習と同時に、今まで一時的にスキップしてきた箇所、たとえば『必修英語構文』や『マスター英文解釈』の長文に少しずつチャレンジするとよいでしょう。

多読

多読というのは、厳密な定義はないのですが、要は、たくさん読むことです。分野にこだわる必要はないので、自分の読みたいものに積極的にチャレンジしてみましょう。英字新聞でも小説でもウェブサイトでもいいし、資格試験を目指している人は、公式問題集や過去問題集でもかまいません。

読み方は、直読直解のトレーニングでやった読み方と、構文のトレーニングでやった読み方を、TPOに応じて切り替えながら読んでいきます。簡単な部分や重要でない部分は、直読直解でサッと読み、難しい部分や重要な部分は、文の構造をジックリ考えて読む、といった具合です。辞書や文法書で調べてもかまいません。

計画の立て方は、多読の場合は、大まかなペースを決めておくだけでかまいません。好きなものを好きなように読んでいたら、いつの間にか多くを読んでいた、というのが多読の本来の姿だからです。ただ、そうはいっても、気ままにしているとトレーニングしないことがあるので、「毎日1時間は英字新聞を読む」とか「2日に30分は何かしら英語を読む」というように、時間のペースだけ大まかに決めておくのがよいでしょう。

単語

6000語ぐらい覚えると、読めるものが増えてくるのも事実ですが、自分の読みたいものにチャレンジしてみれば、たいていの人が単語不足を実感するのも事実です。その場合は、自分の読みたいものに適した単語集で、さらに語彙を強化していきましょう。

英字新聞を読みたい場合は、『ニュース英語パワーボキャビル4000語』(語研)のような時事単語集を覚えていくとよいでしょう。覚え方の基本は今までと同じで、「未知の単語をマーキングし、「覚えよう」と意識しながら暗唱する」ことです。

やや上級のテクニックとして、時事単語集で覚えた分野の記事を、英字新聞で並行して読んでいくのも効果的です。たとえば時事単語集で **investment**(投資)や **stock**(株)、**rally**(反発)など経済分野の単語を覚えたら、英字新聞の経済欄を併読していけば、覚えた単語に頻繁に出合いますから、モチベーションも記憶も維持しやすいのです。

特定の分野に限らずリーディング全般に強くなりたい場合は、一般の単語集で語彙レベルの高いものを覚えていくことが必要です。『究極の英単語 Vol.3』(アルク)に取り組むとよいでしょう。覚え方は、やはり今までと同じです。

資格試験を目指している人は、定評のある資格試験の単語集を用いるとよいでしょう。ただこれは、資格試験の単語集をやらないとよい成績がとれない、ということではありません。資格試験の単語集に収録されている単語の大半は、『究極の英単語』シリーズのような一般の単語集と重複しているからです。しかし、重複しているからといって無駄になるわけでもなく、いろいろな単語集で、いろいろな角度で覚えたほうが、単語は記憶に定着します。

計画の立て方は、ひとまず1ヵ月を目安とします。その上で、語彙レベルが上がると負荷が高くなって、覚えるのに時間がかかるようになりますから、実際に作業しながら、柔軟に計画を調整していきましょう。

08 ▶▶ リスニング

1 今後の学習の進め方
― 復習、精聴、多聴 ―

まずはモデルプランを参考にして、文法、単語、直読直解、構文、発音をトレーニングしましょう。

リスニングは、「聞くリーディング」ですから、上記を終えたあとのトレーニングも、リーディングのトレーニングと重なります。147ページの『リーディング』を参照してください。これにプラスして、精聴を取り入れてください。

復習

147ページの『リーディング』の復習と同じです。

精聴

屋内の学習に、スクリプトと音源を丁寧に学習する、いわゆる「精聴」を取り入れると効果的です。

ひとくちに「精聴」といっても、丁寧に聞く度合いは、次のように様々ですので、使うテキストや目標に応じて、使い分けます。

① 「スクリプトを見ながら聞けば、一語一語、単語の語尾を含めてすべて発音できる」ことを目指して、繰り返し聞き、声に出す。

② 「スクリプトを見ないで聞いても、一語一語、単語の語尾を含めてすべて聞こえる」ことを目指して、繰り返し聞く。

③ 「スクリプトを見ないで聞いても、一語一語、単語の語尾を含めてすべて発音できる」ことを目指して、繰り返し聞き、声に出す。

①の聞き方は、単語や短い例文で練習するテキストが適しています。まずは、『英語徹底口練！―発音とリスニングの力を同時に高める本』がよいでしょう。これで、72 ～ 99 ページ以外のページでも、丁寧に発音してトレーニングし、1 冊終わらせてみましょう。

また、『DUO セレクト』や『英会話・ぜったい・音読』のようなやさしい英文が使われているテキストでも、この聞き方で精聴のトレーニングができます。

②の聞き方は、自分で発音できる必要がないので、資格試験の問題集などの、やや長いスクリプトに適しています。長いスクリプトは負荷が高いため、聞くことに専念するのが無難なのです。また、ニュー

スやテレビドラマなど自分の関心のある分野を多聴している場合は、スクリプトを入手できれば、この②の聞き方で精聴にも使えます。

③の聞き方は、①の聞き方を繰り返していれば、できるようになります。このレベルまで繰り返し聞いて口に出していると、スピーキングのトレーニングを兼ねることになります。

多聴

精聴と多聴の両方が大事だとよく言われます。多聴は、細かいことを気にせず大量に聞いて、音に慣れるのが目的です。聞くものはなんでもかまいません。

聞くものは自由なので、精聴で使っている音源を多聴でも使うのが、手間いらずです。今まで屋外での流し聞きでやってきたように、常に携帯用プレーヤーで再生して耳に流しておいて、時間や集中力に余裕のあるときは精聴にし、それ以外のときは聞き流しておけば多聴になります。

ただ、精聴に使っていたテキストは「いかにもお勉強」という感じがして、上記のような聞き方が味気なく感じられる人もいるかもしれません。その場合は、自分の関心のある分野の音源を多聴に使うと、楽しく学習できるでしょう。ニュースでも、テレビドラマでも、資格試験のスクリプトでも、なんでもかまいません。何もしないで耳を遊ばせておくのはもったいない、というくらいの軽い気持ちで聞いてください。聞く回数や期間も、自分の好きなように決めてかまいません。

2 睡眠不足で聞いていると眠くなるとき

― 精神論と具体的な工夫 ―

リスニングは、ながら学習しやすいものです。忙しくて学習時間を確保できない人でも、通勤電車でイヤホンから聞くぐらいはできるでしょう。

しかし、忙しくて通勤電車の他には学習時間を確保できず、眠りたいところを我慢してリスニングの練習をしている人は、どうしても半分眠ってしまいます。当たり前のことですが、眠っていたら、何年続けても聞けるようになりません。

気をつけることは2つです。1つは精神論で、そこで投げやりにならないこと。ほとんど眠ってしまっていて実質的に学習になっていないからといって、それさえやめてしまうと、学習時間が完全にゼロになって、英語から気持ちが離れてしまいます。“学習モード”でなくなってしまうのです。そうすると、状況が好転して学習時間がとれるようになったときでも、学習する気が起きなくなります。わずかの学習時間しか確保できなくても、学習の質がよくないものであっても、とにかく続けようという気持ちが大事です。

もう1つは、具体的な工夫です。会社から帰宅するとき、自宅の最寄り駅から1つ手前の駅で降りてしまうことです。そして英語を耳にしながら、家までゆっくり歩いて帰ります。歩いていれば眠ってしまうことはありません。帰宅時間が数十分遅れますが、電車で眠りながら英語を聞くより、実のある英語学習の時間になります。慣れてきたら、英語を口にしながら歩いてみましょう。やってみるとわかりますが、歩くペースと英語を口にするペースは相性がよくて快適です。さらに慣れてきたら、途中下車する駅を、自宅から一駅ずつ離して、歩きながらの学習時間を増やしていくとよいでしょう。

3 スクリプトを見れば簡単なのに、聞いてみると全然わからないとき

— 誰もが経験することなので嘆かない —

何度聞いてもわからなかった英文をスクリプトで確認したら、“What is your name?” のような簡単な英文であることが判明して落ち込んだ、という人は多いものです。この気持ちはわかりますが、落ち込む必要はありません。

英語と日本語は音が違います。音が違うのですから、今までリスニングや発音のトレーニングをしたことがなければ、聞き取れないのは当たり前のことです。

初めて野球をしてホームランを打てないからといって嘆く人はいませんね。それと同じことです。

これからトレーニングして、徐々に聞けるようになっていけばいいだけです。

4 スクリプトの聞こえない点が気になって先に進まないとき

― 不明点を確認するのは大事だけれど、完璧主義すぎない ―

スクリプトどおりに聞こえない点があると、気になって先に進まない人がいます。

この姿勢は、基本的によいことです。リスニングの精聴トレーニングは、聞こえない箇所をピックアップして、聞こえるようになるまで繰り返し聞く、というのが基本だからです。

とはいえ、英語の音に慣れていない初心者の段階では、何回繰り返し聞いたところで「聞こえないものは聞こえない」という場合があります。

こういう場合は、気持ちを切り替えて、聞こえないところではなく聞こえるところに意識を集中して、内容をザックリ把握するように努めるのがよいでしょう。

今聞こえなくても、トレーニングを続けていれば、聞こえるようになってきます。

『肉体系と頭脳系を区別しておく』（p.191）も参照してください。

1 今後の学習の進め方

— メインメニューは復習、サブメニューがライティングのテキスト —

まずはモデルプランを参考にして、文法、単語、直読直解、構文をトレーニングしましょう。

これらを終えたあとのトレーニングは、今までに学習してきた文法、単語、直読直解、構文の復習が柱になります。繰り返しになりますが、ライティングは、適切な単語を適切な語順で並べることなので、初心者のうちは単語と文法をメインメニューとして学習していれば、特別なトレーニングは必要ないのです。ただ、単語や文法が身についたあとであれば、サブメニューとして、定評のあるライティングのテキストで学習するのも効果的です。ライティングならではの若干の慣れや機微を身につけるためです。

復習

基本的に、147ページの『リーディング』の復習と同じです。

ライティングという目的意識をもって復習すると上達が早いです。単語集であれば、少しずつ、日本語→英語で覚えてみたり、文法問題集であれば、問題を解きながら、少しずつ例文を覚えてみる、といった具合です。

定評あるライティングのテキストと手順

ライティングのテキストは、**『書く英語・基礎編』**（英友社）がおすすめです。

手順は、他の今までの学習と同じく、最初にテキスト全体を軽く流し読みしましょう。ライティングは、参考書を読むだけで力になる、という一面があるので、なおさら、最初に軽く流し読みするのが効率的なのです。これがスピーキングであれば、たとえば三単現のｓを学んだとしても、瞬時に正しく口頭で英作文するのは難しいものですが、ライティングであれば学んだ日から正しく書けます。

流し読みを終えたら、実際に書くトレーニングをしていきましょう。慣れないうちは紙に書いてみるのが無難ですが、慣れてきたら頭の中で英作文して模範解答と照らし合わせていくのが効率的です。時間がかかりませんし、机や筆記具を必要としないので、いつでもどこでもトレーニングできます。

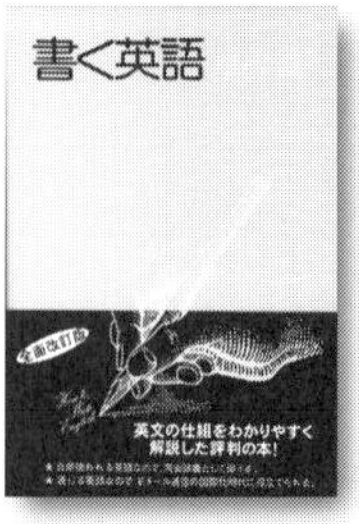

『書く英語・基礎編』

英友社　1890円

2 ライティングのチェックポイント
― 最低限、これだけは意識しよう ―

ライティングでは「自然かどうか」を気にする人が多いものですが、それ以前に、「英文として成り立っているかどうか」「意味が正しく通じるかどうか」をチェックする必要があります。

「どうやってチェックすればいいのかわからない」と思うかもしれませんが、まずは中学文法で学習した点をチェックすればいいのです。

具体的には、以下の点です。これは最低限の項目ですが、適切に守って書ける学習者は少ないものです。中学文法の復習を強くすすめる理由の1つです。

- 文を大文字で始める。
- 文をピリオドで終える。
- SVのSを入れる。
- SVのVを入れる。
- 態を意識する。受動態にするべき箇所は受動態にする。そうでない箇所は受動態にしない。
- 1つの文に複数のSVを使うときは、接続詞相当語句を入れる。

- 動詞の末尾を意識する。つまり原形、過去形、現在形、過去分詞形、ing 形のいずれが適切かを意識する。
- 名詞の語尾を意識する。つまり単数か複数かを意識する。
- 固有名詞は大文字で始める。

これだけでもチェックできていれば、初心者の場合は、格段にわかりやすい英文になります。

ライティングの基本が文法と単語であることは、市販のライティングテキストの大半が、「こういうときは、こういう文法項目で表現する」か、「こういうときは、こういう語句で表現する」というように、結局のところ、文法か単語を根拠としていることからも判断できます。そして、「こういうときは、こういう文法項目で表現する」という場合、その文法項目の大半は、中学文法か高校文法で学習することと重なっています。ライティングの力をつけるための学習が、単語と文法がメインメニューで、ライティングテキストがサブメニューなのは、こういうことが理由です。

3 簡単な英文しか書けないと不安なとき

— 簡単な英文が望ましいので大丈夫 —

「簡単な英文しか書けない」といって嘆く人がいますが、複雑な英文を書く必要はありません。小説であれば、様々な効果を出すために、技巧を駆使した、複雑な文が必要かもしれません。しかし、小説を書こうという人はまずいないでしょう。

ライティングで大事なのは、

- 相手に誤解なく伝わる
- 相手が読んでいて疲れない
- 相手に時間をとらせない
- 相手を不快にしない

といったことです。このためには短い簡単な文のほうが適しているのです。

複雑で気取った文章を書きたくなるのが人情だと思いますが、その気持ちは押さえましょう。日本語であれば、複雑さや気取り具合が適切かどうかを判断できますが、外国語である英語では判断できません。簡単な英文が望ましいのです。

1 今後の学習の進め方
— 復習、例文暗唱 —

まずはモデルプランを参考にして、文法、単語、直読直解、構文、発音をトレーニングしましょう。

上記を終えたあとも、単語と文法と発音を復習していくことが大事です。繰り返しになりますが、スピーキングは、適切な単語を、適切な語順で並べ、適切に発音する作業だからです。これにくわえて、例文暗唱を取り入れてください。

復習

基本的に、147ページの『リーディング』の復習と同じです。

上達を早めるには、スピーキングという目的意識をもって復習するようにしましょう。単語集であれば、意味を覚えるだけでなく、通じるように発音できることを目指し、文法問題集であれば、問題を解きながら、少しずつ例文を覚えて口に出してみる、といった具合です。

例文暗唱

スピーキングのトレーニングの基本は、「英文を聞いて、真似して口にする」ことです。モデル音がなくても正しく発音できる中上級者であれば、必ずしも聞いて真似しなくてもテキストだけで学習できますが、初心者の段階では、英文を聞いて真似するほうが無難です。その場合、結局「英文を聞いて、真似して口にする」ということになり、リスニングの精聴のトレーニングとほぼ重なるのです。

若干の違いとしては、スピーキングの比重を高めたい場合は、リスニングよりもやさしめのテキストを用いて、繰り返し暗唱する回数を多めにするとよいでしょう。手順としては、次のようになります。

① 「テキストを見ながら聞けば、一語一語、単語の語尾を含めてすべて発音できる」ことを目指して、繰り返し聞き、声に出す。

② 「テキストを見ないで聞いても、一語一語、単語の語尾を含めてすべて発音できる」ことを目指して、繰り返し聞き、声に出す。

屋内ではテキストを見ながら、屋外では音源だけで、といったように、状況に応じて柔軟に切り替えてください。

テキストは、定評があり、やさしい例文を用いたものであれば、必ずしも「スピーキング」の言葉が書名に入っていなくても大丈夫です。たとえば、次の3冊がおすすめです。

『英会話・ぜったい・音読「入門編」』講談社インターナショナル
『DUO セレクト─厳選英単語・熟語 1600』アイシーピー
『どんどん話すための瞬間英作文トレーニング』ベレ出版

『英会話・ぜったい・音読「入門編」』
講談社インターナショナル 1260 円

『DUO セレクト─厳選英単語・熟語 1600』
アイシーピー 1197 円

『どんどん話すための瞬間英作文トレーニング』
ベレ出版 1890 円

『英会話・ぜったい・音読「入門編」』は、英語を聞いてそのまま真似するので、日本語が介入しにくいのがメリットです。

その代わり、英文を自分で作り出す感覚が得られにくいことが、人によっては物足りなく感じることがあります。

『DUO セレクト─厳選英単語・熟語 1600』は、例文型の単語集です。単語集ではありますが、単語を覚えるためというより、スピーキングのための例文暗唱テキストという位置づけで使います。

日本語が介入しにくいというメリットと、英文を自分で作り出す感覚が得られにくいというデメリットは、『英会話・ぜったい・音読「入門編」』と、ほぼ同じです。

違うのは、『DUO セレクト』は、例文が独立していてストーリー性がないため、人によっては思考が分断されるようで使いにくく、人によっては一文一文が新鮮に感じられて使いやすいという点です。

『どんどん話すための瞬間英作文トレーニング』は、日本語から英語へ口頭で英作文するので、英文を自分で作り出す感覚が得られるのがメリットです。

その代わり、日本語を介入させる点が、人によってはストレスになることがあります。

どれが特に優れているということではないので、3 タイプを試してみて、自分に合うものを使うのがよいでしょう。

注意点

このようなテキストで平易な英文をみると、「平易すぎて、かえって不自然なのでは？」と心配する人がいます。が、これまで繰り返し述べたように、英語は、文法的に正しく、意味が通じて、人を不快にさせないことが大事です。自然かどうかを気にする必要はありません。初心者の場合はなおさらです。『文法的に正しくてもネイティブはそうは言わない？』（p.203）も参照してください。

2 例文暗唱で気をつけること
― やはり文法と発音が基本 ―

例文暗唱は、表面的にはやさしい英文を口にするだけですが、文法と発音を意識して口にすることが大事です。文法や発音を意識して口にしている人と、そうでない人とでは、表面的には同じでも、実質的にはまったく異なるトレーニングをしています。現時点で相手に通じるかどうかという点でも違いますし、これからの上達の速度にも雲泥の差が出てきます。

たとえば次のような簡単なフレーズを口にするとしても、

When I was a child ...
私が子どもだったとき…

最初の when を発音する時点で、発音を意識している人としていない人で、違いが生じるのです。

when は、「ふぇん」というように / f / のような音ではじまると勘違いしている人がいますが、正しくは、/ h / または / w / ではじめます。音源つきのテキストを使って音読のトレーニングを長期間している人にも、よく見られる勘違いです。when のような超基本単語であれば、何百回と耳にし口にしてきたはずなのに、正しい発音が身についていないのです。

whenだけに当てはまることではありません。what, which, where, whyなど、whではじまる語の大半は、/ h /または / w /ではじまるのが正しいのですが、発音を意識していない人は、これらを「ふぁっと」「ふぃっち」「ふぇあ」「ふぁい」のように、/ f /のような音で発音したまま、気づかないでいることがあります。

一方、発音を意識している人は、発音記号で確認していますから、通じる発音ができます。

また、whenのように語尾がnで終わる単語は、発音を意識していない人は、なんとなく日本語の「ん」で代用していることが多いのですが、英語の / n /は、日本語の「ん」とは違う音で、舌先を上の歯茎につけて発音します。意識していない人は、次のような基本単語も区別できるようになりません。

them, then
gum, gun
some, son
seem, seen
beam, bean
warm, warn

一方、発音を意識している人は、whenだけではなくone, in, on,

then, train, rain, again, run など語尾が n の単語を発音するたびに意識するので、だんだんと正しい発音の仕方が定着し、ゆくゆくは無意識に発音できるようになるものです。

文法についても、同じことが言えます。たとえば、

When I was a child, I liked ...
I wanted ...
I played ...

のような過去形の ed の部分は、それぞれの発音が違います。liked は / t / で、wanted は / id / で、played は / d / です。音源つきのテキストを使って音読のトレーニングを長期間している人であれば、数えきれないほど口にしてきたはずですが、使い分けできていない人が多いものです。過去形の発音の仕方は、中学文法で習うはずですが、意識しないために身につかない人が多いのです。

また、次のような中学文法でおなじみのはずの例文でも、

I don't know if it will rain tomorrow.
明日雨が降るかどうかわからない。

I will stay home if it rains tomorrow.
明日雨が降ったら家にいます。

will rain と rains とを使い分ける基準、つまり文法を意識して口に出

していないと、自分で応用して英作文できるようにはなりません。

もし自分で応用して英作文できるようにならないのであれば、自分が口にするフレーズを前もって丸暗記しておくしか方策はなくなります。そして実際、「何も考えずにフレーズを丸暗記してしまえ！」という人が出てきますが、当然のように挫折します。自分が口にするフレーズなど前もって決まっていないので、テキストが存在しないからです。「将来、自分が口にすることになるフレーズに似ているフレーズ」の多いテキストなら存在すると思いますが、自分に合わせて例文を少し加工するときには文法が必要になります。

しつこいようですが、例文暗唱は、文法と発音を意識して口にしてください。この2点を意識して練習していれば、表面的な事柄は、気にしなくても大丈夫です。たとえば、「テキストを見ながら暗唱するのと見ないで暗唱するのと、どちらが効率的か？」のような疑問をもつ人は多いのですが、それは表面的な事柄であって、もし文法と発音を意識していなければ、どちらも効果的でないし、文法と発音を意識していれば、どちらでも効果的なのです。

3 意味を覚えるのに精一杯で、発音までは覚えられないとき
― 先に進むほど簡単になる ―

しっかりとスピーキングの練習をしようとするときに多くの人が困るのが、単語の発音でしょう。

まず発音記号がよく読めないし、もし読めるようになったとしても、意味を覚えるのさえ大変なのに、単語の発音まで覚えるなんて気が遠くなる、と感じている人は多いのではないでしょうか。

しかし、楽ではありませんが、想像するほど大変でもありません。英語は、スペルから発音を予想するのは簡単ではありませんが、かといって法則や傾向がまったくないわけではありません。学習しているうちに、「このスペルはこういう発音だろう」という勘が働くようになります。また、語彙レベルが高くなるほど、スペルと発音の関係が安定してきます。スペルから発音を想像しにくいのは、基本単語のほうが多いのです。最初のうちほど大変で、あとにいくほど楽になるのです。

そこで、基本単語の発音を確認しておくと効率的ということになります。手順とテキストは、『まずは3000語を目指す』(p.101)で基本単語を3000語覚えたときとほぼ同じです。違うのは、意味を覚えているかどうかではなく、発音を覚えているかどうかをチェックする点

です。覚えていなかった単語は繰り返し暗唱して覚える、という点は同じです。

発音を覚えるときの暗唱は、意味を覚えるときの暗唱より、負荷はだいぶ軽いです。頭を使う必要がないからです。疲れていても眠いときでも口を動かすことはできますし、そんな状態でのトレーニングでも、口が勝手に覚えてくれます。

冒頭で述べたとおり楽な作業ではありませんが、想像しているよりは簡単に覚えられるものなのです。

4 発音が下手でトレーニングが嫌になるとき

― ネイティブより下手なのは当然なので落ち込まない ―

声に出してみたものの、自分の英語が下手に感じられて、自己嫌悪に陥る人がいます。特に、性格的に声に出すことが好きではない人が、「上達に必要だから」と思い切って声に出してみた場合など、自分が下手に感じられると、ほとほと嫌になるものです。

しかし誰でも最初は下手なので、めげないことです。トレーニングを続けていれば、そのうちに上達していきます。

また、「下手」と判断したときは、その比較対象を冷静に振り返ってください。多くの場合、ネイティブと比べて下手と判断しているわけです。しかし、ネイティブと比べて下手なのは当たり前のことですから、自己嫌悪に陥る必要はないのです。

自分の発音とネイティブとの発音を比較することは必要ですが、それは違いを認識してギャップを埋めていくためであって、自己嫌悪に陥るためではありません。

5 根拠なく自分を否定しない

― 判断の根拠を身につけよう ―

私は英語教室を開いています。教室では、口頭で簡単な英作文をしてもらうことがあります。すると多くの人が、口頭で英作文したあと間髪を入れず、「あ、おかしい！」「なんか変だ！」といった否定の言葉をつなげます。眉をひそめたり首をかしげる人も多いです。

英語が得意でないから学習しているのですから、自分の口にした英語が確率的に間違いの可能性が高いことは本人がわかっていて、このような癖がつくのだと思います。

しかし、この癖だけは取り除いたほうがいいです。たとえ正しい英文を作っていても、条件反射的に自分の英語に疑念をもつことになるからです。英作文にかぎらず、英文を読んだり聞いたりしたときも、自分の解釈に疑念をもつことにつながります。要は、自分の英語すべてに疑心暗鬼になってしまうのです。

自分の英語に疑心暗鬼になると、どうしても小声になります。特に、語尾がほとんど声にならなくなります。そうすると、“I beg your pardon?” と聞き返されることが増えてきます。このとき、たずねたほうは、単に聞こえないから “I beg your pardon?” と聞いただけなのに、自分の英語に疑心暗鬼の人は「やっぱり自分の英語は間違っているんだ！」と勘違いして、落ち込んでしまいます。

さらに悪いことに、「自分の英語は間違っているんだ！」と思うせいか、返事を先の発言とは変えてしまう傾向があります。たずねた人は、よく聞こえないから“I beg your pardon?”とたずねただけですが、まったく聞こえていないわけでもありません。発言が変化すれば、変化したことくらいはわかります。コロコロと発言を変えてしまう人、という印象を与えかねないわけです。

そういうわけで、根拠なしに自分の英語を否定しないようにしましょう。別の言い方をすると、自分の英語を判断するための根拠を身につけましょう、ということです。そのような根拠の1つが文法です。

資格試験も、自分の英語を判断する根拠の1つになります。よい結果を出していれば、「自分の英語は、文法も発音もところどころ間違いがあるはずだけれど、資格試験でよい結果を出しているということは、大きな支障なしに意思のやりとりができているはずだ」というように、自信をもつことができます。

● 第4章 ●

学習をはじめたら思い出したい
基本的で総論的なこと

1 復習の仕方
― 楽しくて役に立つ ―

上達するためには、新しく何かを身につけていく作業と、今まで学習したことを忘れないための作業の、2 種類が必要です。

このうち、後者の復習をなおざりにする人は多いものです。

復習は新鮮味がないので面白くないという印象をもつ人もいるかもしれません。

しかし、復習は楽しいものです。

- 忘れていたことを思い出すのは心地よいものです。「学習したはずなのに忘れていた！」という驚きとともに、「そうだ！思い出した！」という心地よさを得られます。
- 復習はスイスイ進みます。最初は苦労したページもスイスイ進むので快感です。
- 復習すると、頭がスッキリします。全体像が見えているので、今まで断片的だった知識が、整理整頓されるのです。

- 今まで理解できなかったことが、復習しているとストンと腑に落ちることがあります。これも復習の醍醐味です。

このような復習の楽しさを味わってしまうと、どんどん学習が加速していきます。学習は退屈なもの、難しいもの、進まないもの、と思っている人は、復習をしない人に多いものです。

「復習が楽しいのはわかったけれど、英語学習は単語や文法や発音など、新しく身につけるべきことが多く、これだけに専念しても時間が十分ではないのに、復習まで手が回らない」という人もいるかもしれません。

これは簡単に解決できます。他の作業と並行して復習するのではなく、復習のための専用の期間を設けてしまうだけです。要領がつかめてくると、「今日1日は復習だけする」とか「今週は復習だけする」のように、短い期間で大丈夫になりますが、最初のうちは、「この1ヵ月は復習の月だ」というように、1ヵ月まるまる復習に当てるのがおすすめです。

具体的な手順は、次のようになります。モデルプランの最初の7ヵ月でやってきたことを、順番はそのままで、1ヵ月に圧縮して行ないます。それをさらに1ヵ月おきに繰り返します。

手順

1）中学文法

マーキングしてある問題だけでかまいません。最初は時間のかかったテキストも、あっという間に終わるはずです。早い人は、1日で余裕で9冊終わります。遅くても1週間あれば余裕でしょう。もし、もっと時間がかかったとしても落ち込む必要はありません。隔月で復習を繰り返しますから、いずれ、あっという間に終わるようになります。

2）基本3000語

これもマーキングしてある単語だけでかまいません。あっという間に終わるはずです。やはり1日で1冊終わります。遅くても5日あれば余裕でしょう。

3）プラス3000語

これもマーキングしてある単語だけでかまいません。上記より少し時間がかかるかもしれませんが、それでも1日で1冊終わるでしょう。遅くても10日あれば余裕でしょう。

4）直読直解

直読直解の復習は、上記3つとは違って、以前にやったテキストをあっという間に終わらす、というアプローチが当てはまりません。最初からMAXの高速で目を走らせていたので、それ以上に高速にはならないからです。直読直解の復習は、「～冊」という単位ではなく、「3日」とか「1週間」とか「10日間」のように時間を設定して、その間、高速で目を走らせるようにしましょう。

5）高校文法

マーキングしてある問題だけでかまいません。あっという間に終わるはずです。1日で余裕で2冊終わります。遅くても5日あれば余裕でしょう。関心がわいてきたら、スキップしていた語法問題に取り組むのもよいでしょう。

6）構文

『構文』で一度読んだページを繰り返し読み進めてください。スキップした長文はやはりスキップして大丈夫です。1日で、余裕で2冊終わります。遅くても3日あれば余裕でしょう。もし余裕が出てきたら、スキップしていた長文も読むようにしてください。

7）発音

発音の復習は、「最初は時間のかかったテキストがあっという間に終わるようになる」という性質のものではありません。発音が上手だろうと下手だろうと、声を出せば一定の時間がかかるからです。直読直解の復習と同じように、各自で時間を設定して復習するのがよいでしょう。

期間

学習が調子よく進んでいる人は、1ヵ月でなく1週間や数日に短縮できます。余った時間は、計画を前倒しして進めてください。学習が遅れている人は、この1ヵ月を利用して、なるべく追いつくようにしてください。進んでいる人も遅れている人も、1ヵ月後、3ヵ月後、5ヵ月後といった要領で、隔月で復習を繰り返してください。

2 どれくらいやれば十分か

―時間は目安。最終的な判断基準は「できるようになるまで」―

学習計画を立てるとき、「何を」「どれくらい」「どういう順序で」を考えると思います。

学習をはじめて伸び悩む人に多く見られるのは、「どれくらい」を勘違いしているパターンです。

「どれくらいやるか」に対する本当の答えは、「できるようになるまで」です。

ところが、テキストを1周したり1ヵ月が経過したりと、区切りのよい箇所にくると、できるようになっているかどうかに関係なく、「もう完了！」と終わりにしてしまい、2度とページを開かない人が多いのです。これでは上達は望めません。

p.70のモデルプランで示したように、トレーニングを1ヵ月ごとに切り替えても、それで完了ではなく、あとで「できるようになるまで」定期的に復習する必要があります。

トレーニングを1ヵ月ごとに切り替えるのは、

- 全体像を把握しやすい
- 1点集中のトレーニングが合理的
- 今できなくても、あとで試みると簡単にできることがある

などの理由で切り替えるのであって、それで完了ということではないのです。

「できるようになる」というのは、たとえば今やっているテキストが、あっという間に復習できるようになる、ということです。

書店でテキストを購入するとき、たいていの人は「これを1冊終わらせたときには、自分の英語力はウンと伸びているに違いない！」と期待でワクワクするはずです。なのに多くの人が期待はずれに終わるのは、「できるようになるまで」復習をしないからです。たとえば単語集であれば未知の単語にマーキングするだけで終わらせてしまうからです。

「できるようになるまで」復習を繰り返して、テキストを購入したときにワクワク期待していた英語力を身につけてください。

3 トレーニングのメニューはシンプルに

― 食事のメニューと逆 ―

いろいろな種類のトレーニングに手を出して、中途半端になる人は多いものです。

英語のトレーニングには、単語、文法、構文、発音、リスニング、スピーキング、ライティング、リーディングなど様々な分野があるので、最終的には、すべてをバランスよく身につけたいと思うのは当然でしょう。

しかし、最終的な目標がバランスよく身につけることだったとしても、短期間のトレーニングで、いろいろな種類のことをやる必要はありません。

発音なら発音、文法なら文法、単語なら単語と、トレーニングの種類を絞って、一点集中で行なうのが断然、効率的です。

テキストを一周するのが早いですから、全体像が早くつかめるのです。全体像をつかんで学習しているのと、そうでないのとでは、上達の速度が異なります。

学習の負担も全然違います。全体像がつかめていると、学習してもあまり疲れないのです。知らない道を歩くのに比べて、知っている道を歩くと疲れないのと同じようなことです。

テキストを一周するのが早いということは、復習するまでに忘れてしまう量が少ないし、復習したときに思い出しやすいことにもつながります。

トレーニングの種類を限っておくと、不意のスキマ時間が生じたときに、何をやるかで迷う必要がありません。サッとテキストを取り出して学習できます。種類が少ないと、携帯するテキストが少なくて楽だという一面もあります。

「単語、文法、構文、発音、リスニング、スピーキング、ライティング、リーディングを毎日少しずつトレーニングしよう」などと思っていると、バランスのとれた優れた学習法をしているつもりで、それほど効率よくありません。食事の献立であれば、「多種類を少量ずつ」がよいのですが、英語のトレーニングは違うのです。本人がよいことをしているつもりで落とし穴に気づきにくいということも、落とし穴になっています。

一点集中のトレーニングは一見かたよっているように見えますが、実は合理的なのです。様々なトレーニングは、長期的に取り組んでいけばよいだけのことです。

4 何のためのトレーニングかを考える
― トレーニングごとに目的がある ―

「何のためのトレーニングなのか」を的確に意識できる人は上達が早いです。

野球の素振りでも、何も考えずにバットを振り回す人と、「フォームを安定させるため」「腰の回し方を身につけるため」「手首の使い方をマスターするため」のように目的意識をもってバットを振る人とでは、上達に違いが生じるはずです。表面的にやっていることは同じであっても、意識するポイントや力の入れ具合などが微妙に異なっていて、それが蓄積されることで大きな違いが生じてきます。

英語も同じです。学習のあらゆる局面において、何のためにトレーニングしているのかを考えることによって、意識するポイントが微妙に異なってくるのです。それによって無駄を省いて、効率的なトレーニングができるようになります。

たとえば、発音を犠牲にして猛烈なスピードで音読している人を見かけます。これはこれで効果があるのですが、何のために音読をしているのか考えれば、より効率的にトレーニングできるはずです。

「日本語を使わずに英語を英語のまま理解できるようにしたい」ので

あれば、声を出すかどうかは本質的なことではありませんから、黙読でもいいことになります。「黙読でもいい」というよりも、黙読のほうが目を早く動かせますから、この目的のためには、黙読のほうが効率的だと判断できます。

「スピーキングに役立てたい」のであれば、声に出すことが必須になりますから、黙読より音読のほうがいいことになります。話す相手のことを考えれば、発音を犠牲にして猛スピードで音読するのではなく、丁寧に発音したほうがいいということも、おのずからあきらかになります。

目的が明確なので、今やるべきことも明確になるのです。何のためのトレーニングなのかという問題意識をもつようにしてください。

5 全体像を早い段階で把握する

― トレーニングの目的を考えるためにも、全体像が必要 ―

前項の「何のためのトレーニングかを考える」というのは、言われると当たり前でも、実行するのは難しいものです。

何も考えずにトレーニングしている人が多くいる一方で、トレーニングをはじめる前に「何の役に立つんだろう？」と懐疑的に考えすぎて、トレーニングに取りかからない人が多いことからもわかります。

これは、初心者が身につけるべき事柄は基本的なことが多く、基本的なことほど、身についたあとでないと、何の役に立つのかわかりにくいという一面があるからです。また、初心者のうちは全体像が把握できていないことが多いですから、個々のトレーニングが全体の中でどのように役立つか、理解しづらいのです。意識的に、早い段階で全体像をとらえる工夫が大事になります。

本書で紹介している学習手順は、次のように早い段階で全体像をつかめるように工夫しています。

- 英語学習を中学文法から開始して、文法の骨格を身につけること
- 高校文法は、問題を解くのではなく、通読することから開始すること
- 構文は、短文と訳の斜め読みから開始すること
- 単語集は、未知語のマーキングを短時間で終えて1周してしまうこと
- 発音記号を、学習の初期の段階で眺めておくこと

なにも考えずに行動するのではなく、考えすぎて頭でっかちになるのでもなく、考えながら行動し、行動しながら考えるように心がけてください。

6 肉体系と頭脳系を区別しておく

― 時間のかかるものとかからないものを区別する ―

短期的な目標に入っていなくても、長期的な目標に入っている事柄は、それが習熟に時間を要するものであれば、普段から焦らず、少しずつトレーニングしておきましょう。

たとえば、リスニングで音の識別ができるようにならないと嘆く人は多いのですが、似ている音を識別できるようになるには、時間が必要なのです。頭脳だけの事柄と、頭脳と肉体の両方が関係する事柄であれば、後者のほうが時間がかかる可能性が高いです。

これはたとえば、アインシュタインでもビル・ゲイツでも頭脳優秀な人を想像してみればいいでしょう。この人たちに、未知の外国語を1週間ぐらい必死で学習してもらうとします。ひょっとして、母国語とさほど変わらないスピードで読めるようになるかもしれません。これは現実性はともかく、原理的には可能だと思います。情報処理、つまり頭脳の問題だからです。

しかし、1週間で未知の言葉の音を識別できるようになるとは思えません。音の識別は、頭脳だけでなく、耳つまり肉体の問題でもあるからです。いくら頭脳が優れていても、肉体が慣れるためには時間が必要です。

単語を覚えたり文法をマスターすることは短期間でできるかもしれませんが、似ている音を識別できるようになるためには、天才であっても、ある程度時間がかかるということです。

音を識別できるようになりたい人は、焦らずに取り組むことが大事です。今の時点では音を識別できるようになる必要がない人でも、将来的に必要性が生じそうでしたら、71ページで示したように発音記号の音源を聞き流して、早めに少しずつ下準備しておくとよいでしょう。

7 頭脳系を先行させる

― 耳や口が慣れていなくても、頭が理解していることが大事 ―

一生懸命に学習していて着実に上達してはいるけれど、注ぎ込んだ労力の割には、上達が遅いという人がいます。

たとえば、音読を重要視するあまり、教材すべてを何十回も繰り返し音読してから次に進む、という人です。これは一種の完璧主義で、学習した箇所はほぼ確実に身につくという点では素晴らしいのですが、惜しいのは、音読の繰り返しに学習時間をとられるため、いつまでたっても語彙や構文や高校文法に取りかかれない点です。1年ぐらい一生懸命に勉強しているのに、簡単な英字新聞でさえ歯が立たない、ということがあります。

解決法は、語彙や構文や高校文法といった頭脳系のトレーニングに先に取り組んで、あとから音読のような肉体系のトレーニングに取りかかればいいのです。頭脳系のトレーニングは、ヤル気のある人であれば短期で終わります。教材すべてを何十回も繰り返し音読する根気のある人ならば、英字新聞が読める程度の語彙や構文や高校文法など数ヵ月でモノにできます。そのあとで音読に取り組めば、早い時期に英字新聞も読めるようになるし、リスニングやスピーキングも着実に上達できます。

また、英会話などの例文集を使って、「とにかくフレーズを詰め込んでしまえ」という人もいます。文法を先に身につけてあれば、例文を覚えることはとても効果的な学習法です。しかし、「文法のような複雑なことは御免だ！」というノリで例文だけ丸暗記しても、応用が利きません。他でも述べましたが、例文集の例文は、そっくりそのまま使えることは少なく、語句の一部を自分に合わせて変更して使うためのものですが、この一部変更の判断は文法に基づいて行なうからです。

また、上記2例のトレーニングでは、発音が弱点のまま残る傾向があります。発音は、どういう発音記号で、どういう口の形や舌の位置で、どういう音を出すのかが頭でわかっていれば、声に出していくうちに上達できるのですが、上記の2例では、頭の中でわかっていないため、時間をかけた割にはなかなか上達しません。

全体像を把握して、トレーニングを頭脳系と肉体系に分けて、時間のあまりかからない頭脳系を先に終わらせておくと、トレーニングを効率的に進めていくことができます。

8 先にいくほど簡単になるということを覚えておく

― 初心者がイメージしにくい大事なこと ―

学習をはじめたばかりで、思うように進まないと、「こんな調子では、英語ができる日は永久にやってこない！」と、絶望的な気持ちになることがあります。

たとえば難しい構文のテキストにチャレンジすると、1時間で1ページも進まないことがありますが、そうすると、「この調子では、数百ページのペーパーバックを読み終えるのに、毎日1時間読んでも1年以上かかってしまう！」なんて計算して絶望的な気持ちになるようです。

このような人たちがイメージできていないのは、物事は上達するにつれて簡単にできるようになる、ということです。

たとえば車の運転でいえば、運転ができるようになるまで、教習所で数十時間かけて練習する必要がありますが、運転できるようになってしまえば、教習所で数十時間かけて身につけた技術は、一瞬にして無意識でできてしまうことです。

英語も、読めるようになるまでは、亀の歩みのようにスローに感じられるかもしれませんが、いったん読めるようになってしまえば、ペーパーバックなど１ページを１分もかからずに読めるようになります。今は１時間で１ページしか読めなくても、それが永遠に続くわけではないのです。

　今やっていることが徐々に簡単になってくる、ということがわかっていれば、少々のトレーニングで挫折することはありません。逆に、今難しく感じていることが永遠に続くと錯覚してしまうと、英語学習をあきらめてしまうことになります。

　繰り返しになりますが、今難しいことでも上達するにつれて簡単になる、と前もってイメージできていることは、学習を成功させるうえで大事なポイントなのです。忘れないようにしてください。

9 聞き流すだけで身につく?
― 抜け道や裏道の誘惑にかられそうになったら ―

「聞き流すだけで英語が身につく」とか、似たような類の宣伝文句の英語教材は、昔から人気があるようです。

『答えはわかっているけれど、それでも聞いてみたい質問』(p.40) の繰り返しになりますが、ネイティブの子どもならともかく、私たちのような非ネイティブが大人になってから学習するのに、聞き流すだけで英語が身につくと本気で信じている人は少ないでしょう。

ネイティブの子どものように、毎日7時間英語に接して、試行錯誤で文法や発音を身につける余裕は私たちにはないので、体系だったテキストを用いて意識的に身につけるのです。

ただ、学習が進まないと、心に隙が生じて、裏道や抜け道のような方法を信じたくなるのかもしれません。そして宝くじを買うような気分で、購入したくなるのかもしれません。

「自己責任で、ご自由にどうぞ」というのが私の本音ですが、あえて説教役をつとめると、「時間の無駄になる可能性が高いから避けたほうが無難ですよ」ということになります。

予防策としては、誘惑にかられるのは学習が進まないときが多いので、常に前進することで誘惑を遠ざける、ということになります。英語は、適切に学習すれば上達しますから、常に前進することは難しいことではありません。裏道や抜け道は不要で、本書のようなオーソドックスな手順で大丈夫なのです。

10 ネットで疑問点を確認しない

― 間違いが多いし、体系的な知識が身につかない ―

ネットが普及したおかげで、様々な調べモノが楽になりました。時刻表や路線を調べるときなど、特に重宝します。ただし、初中級者が文法や発音の疑問点を調べるのには適していません。

第1に、ネットの情報は玉石混淆で、正しくないものが多いです。これはネットに限らず書籍にも当てはまることではありますが、一般的にいえば、ネットのほうが間違いが多いです。これは言わずもがなの明白なことだと思うのですが、ネットで英語学習の疑問点を調べて混乱している人が現実に存在するので、念のために書いておきました。

第2に、ネットで正しい情報が得られたとしても、その情報は断片的なものにとどまりがちです。頭の中に知識が体系づけられることは期待できません。ネットの情報の大半は、体系的な知識を与えることを目的として編集された情報ではないからです。

対して、書籍の参考書などで索引から調べた知識は、そのページの前後を眺めたり、目次を眺めたりすれば、位置づけがわかります。基本的で重要な事柄なのか、末梢的で忘れてもいい事柄なのか、判断ができます。これを繰り返すうちに全体像も把握できるようになります。

ネットの活用は、全体像が把握できていて、情報の真偽も判断できる上級者になってからでも遅くありません。まずは、定評のある書籍のテキストを使いこなすようにしてください。

11 しっくりこない表現に出合ったとき
― 冷静に事実を見る ―

英語を学習していると、今まで見たこともないような表現にぶつかることがあるでしょう。こんなとき、次のような疑問がわくことがあります。

「こういう表現は今まで見たことがないが、よくある表現なんだろうか？」

「自然な表現なんだろうか？」

「実際に使われているのだろうか？」

「ネイティブはこんな表現は使わないのでは？」

これは自分の接してきた英語が、広大な英語の一部の、そのまた一部にすぎないということを忘れている人の疑問です。

このような発想は、「だから覚える必要はない」という結論にたどり着きやすくなります。あるいは深層心理で、このような結論にたどり着きたいがために、上記のような疑問が生じるようにも見えます。

英単語の数は、『英辞郎　第六版』というCR-ROM電子書籍に収録されているものだけで、英和データの見出し項目が182万もあります。

文章の量は、今までに地球上で書かれてきた英語は、新聞・雑誌・書籍だけに限っても想像もつかない量で、巨大な図書館を数十個集めても収まらないことはあきらかです。

こういう事実の前には、今までペーパーバック数冊さえ読んだかどうかという人が、「こういう表現は今まで見たことがないからウンヌン…」と思っても、意味がありません。このような疑問をもってしまう人に欠けているのは、英語に対する謙虚さ、とでもいうべきものです。謙虚という言葉に道徳めいたニュアンスを感じて違和感を覚える人には、別の言い方をしたほうが伝わるかもしれません。

事実を冷静に見よう、ということです。

感覚的にシックリこない英語に接したとき、「こんな表現は知らない、珍しい、不自然だ、不必要だ」と受け入れを拒否するのではなく、『英辞郎　第六版』の英和見出し項目が182万あるという事実を思い起こして、「この英語表現を珍しく感じるのは自分の知識が乏しいからにすぎないんだな」というふうに受け入れてほしいのです。

習い事というのは、今まで自分が身につけていなかったものを身につけていく作業です。場合によっては、違和感を伴うのは当然です。受け入れる姿勢ができている人は上達が早いです。

12 文法的に正しくてもネイティブはそうは言わない？

― 自然な英文は最終目標。まずは、人を不快にさせない、意味の通じる英文を目指そう ―

「文法的に正しくてもネイティブはそうは言わない」というセリフを直接的・間接的に見聞きして、文法を軽視している人は多いようです。このセリフについて、考えてみましょう。

まず、「文法的に正しくてもネイティブはそうは言わない」と判断したのは、英語のネイティブと日本人のどちらでしょうか。日本人だった場合、その人の英語力や経験は、どの程度のものなのでしょうか。

「そう言う」と判断するのならともかく、「ネイティブはそうは言わない」と判断できるためには、原理的には、過去から現在までネイティブによって発せられたすべての英文に通じている必要があるはずです。軽々しく判断できる事柄ではありません。

この基準は、やや原理的すぎるかもしれませんが、現実的な基準としても、ネイティブと同等以上の英語力がないと、「ネイティブはそうは言わない」とは判断できないはずです。

では、「文法的に正しくてもネイティブはそうは言わない」と判断したのが、英語のネイティブだとします。その判断は、絶対的に信頼できるものでしょうか？

日本語の場合を考えてみればわかりやすいのですが、日本語のネイティブである私たちでも、日本語について様々な勘違いをするものです。「そんな言葉や表現は聞いたことがないし誤用だ！」と思ったら、現実に使われている正しい日本語だった、ということもたくさんあるはずです。

そして、年齢や、読書習慣の有無、言葉に対する関心の強弱など様々な要因で、日本語のネイティブの間でも、知識や判断力に相当のバラツキがあるものです。

ネイティブだからといって常に判断が正しいわけではなく、しかも判断の正確さは個人差が大きいということです。英語に対する経験や判断力が十分に身についているのか検討する余地はあるでしょう。

そして、検討してみた結果、そのネイティブの判断が信頼できるものだったとします。「文法的に正しくてもネイティブはそうは言わない」ような文を、私たちが書いたり話したりしたとします。

何か問題があるのでしょうか？

私たちは英語のネイティブではありません。「この文は、英語の非ネイティブが書いたものだろう」と判断されたとして、事実そのとおりですから、問題ないのではないでしょうか。

たとえば、数え方などは、「文法的に正しくてもネイティブはそうは言わない」という表現をしがちかもしれません。

紙1枚（a piece of paper）や、コップ1杯の水（a glass of water）は正しく言えても、

羊の群れ	a flock of sheep
魚の群れ	a school of fish
アリの群れ	a troop of ants
ライオンの群れ	a pride of lions

のようになってくると、正しく使い分けるのは難しいかもしれません。使い分けなどしないで、共通して使える a group of を使えばいい、というのが現実的な対処法だとは思いますが、このような簡単な表現が思い浮かばないことも、実際の場ではよくあることでしょう。

そして、a flock of lions などと言ってしまい、「文法的に正しくてもネイティブはそうは言わない」と判断されたとします。

何か問題でしょうか。

私は、問題ないと思います。正しい英文だという意味ではなく、たとえば日本にやってきた外国人が、鳥を1羽、魚を1匹、象を1頭、箸を1膳、と数えられなくても、それを私たちが問題にすることはない、というのと同じような意味で問題ないということです。

信頼できるネイティブによって、「文法的に正しくてもネイティブはそうは言わない」と指摘されたら、「いいことを教わった」と思って次回から直せばいいだけです。「だから文法を学習しても意味がない」や、「だから文法など考えずに例文を丸暗記しよう！」のように考える根拠にはなりません。

私たちが避けるべき英文は、意味の通じない文や、誤解される文や、人を不快にさせる文です。これらの文は、文法を押さえたうえで、あとは常識的に考えれば、ある程度、避けられるものです。常識的というのは、不要に長くしないとか、スラングを使わないとか、使い方が不明な単語や表現があったら辞書や文法書で調べてみて、それで解決しなければ使わないとか、そういうことです。

文法を押さえたから万事 OK ということはないのですが、文法を押さえないことには何もはじまらないのです。文法を押さえて「人を不快にさせない、意味の通じる」文を作れるようになったあと、余裕があれば、自然な英語を目指すのが合理的なのです。

仮に「文法的には正しくないけれど、意味が正しく伝わって、人を不快にさせない」ような文を作成できるのであれば、文法を軽視するのもよいかもしれませんが、そのような文は、赤ちゃんと両親や、恋人同士の語らいなど例外的な場合を除けば、ほとんど存在しないはずです。

13 資格対策について

― オーソドックスな英語が使われているので、特別な対策は不要 ―

最近はTOEICや英検などの資格試験が人気があるようで、生徒さんからも相談を受けることがあります。たいてい、次の4点にまとまります。

- 資格対策の本はやる必要があるか？
- 資格対策の本はやったほうがいいか？
- やるとしたらどの本がいいか？
- 活用するうえでの注意点は？

●資格対策の本はやる必要があるか?

必要あるかどうかといえば、必要ありません。英検にせよTOEICにせよ、扱われている英語は、オーソドックスな英語です。オーソドックスな英語だからこそ、世間での評価が高いのです。特別な分野の特別な英語だとしたら特別な対策が必要になりますが、オーソドックスな英語を身につければいいのですから、普通に基本から英語を学習していけば、特別な対策本は必要ないということになります。もちろん、やって無駄ということではありません。

●資格対策の本はやったほうがいいか?

比較対象によります。何もトレーニングしないよりは、やったほうがいいのはあきらかです。多くの人が迷うのは、「基本的なトレーニングを減らして資格対策を増やしたほうがいいか？」ということですが、これは時と場合によります。対策本で効率的に学習できるのは、ある程度の基本が身についた段階です。具体的には、高校文法、構文、約6000語の語彙、直読直解、発音が一通りできている段階です。このような段階にある中級者が、資格試験に向けてモチベーションが高まっている場合は、他のトレーニングを減らして資格対策を増やすのは効果的です。そこまでいっていない初心者の場合は、基本的なトレーニングを優先するのがよいでしょう。

●やるとしたらどの本がいいか?

資格試験を主宰している団体のテキストが無難です。他に良書がない、というわけではありませんが、主催団体のテキストが出版されているのに、他のテキストを選ぶ理由もありません。

●活用するうえでの注意点は?

活用する時期がポイントです。繰り返しになりますが、基本ができていない段階で対策本をやっても、知識が体系づけられないので、断片的な知識にとどまります。断片的な知識は、増えるほど混乱するので、学習するほど混乱するという皮肉な結果になりがちです。

14 資格試験が近づいてきたら

― 直前になっても、やることは普段と同じ ―

資格試験が近づいてくると、心が揺れるものです。

半年ぐらい前であれば、落ち着いて基本を学習していても、数ヵ月前、1ヵ月目、1週間前、と近づくにつれて、「何か試験対策をやったほうが効率的なのではないか？」と思うものです。そして、「基本と実践の両方をやったほうがバランスがいいだろう」と考えて、試験対策のテキストを購入することもあるでしょう。

このような対策によって何が身につくのか、考えてみましょう。

「試験形式に慣れる」という意見がありそうです。

でも、TOEICや英検は、一度受験してしまえば、十分ではないでしょうか。慣れる必要があるほどの、特別な試験形式ではありません。空所補充や内容一致など、小学校・中学校を卒業していれば、国語や理科でやってきたのと同じような形式です。

上記と関連して「時間配分を覚える」という意見もありそうです。

しかし、TOEICや英検は、英語力がある人は、時間配分など気にしなくても、先頭から順番にやっていけば簡単に終わります。逆に、英語力が不足している人は、どういう順番でどういう時間配分にしようが、満足のいく結果は出せません。よい成績を出したければ、英語力をつければいいだけです。

これは、「試験は学習の成果を試すためのものであって、試験のために学習するのは邪道だ」というような理想論から言っているわけではありません。現実的なことを言っているだけなのです。英語力をつけるのが大変な作業であれば、上記の「英語力をつければいいだけ」という言葉は意味がありませんが、英語は基本から段階的に学習すれば誰でも上達できます。

「試験に出る語彙を身につける」という意見もあるでしょう。語彙を増やすことは、とてもよいことです。しかし、「資格試験のテキストでないと身につけられない語彙」というのはありません。TOEIC にしても英検にしても、ごく普通の英語が使われていますから、普通の単語集で覚えていれば間に合います。気になる方は、普通の単語集で、過去問題集や公式問題集をどれだけカバーできるかチェックしてみればよいでしょう。

「試験に出る文法を身につける」という意見もあります。これも前述の単語と似たような答えになります。文法を学習することはとてもよいことなのですが、「資格試験のテキストでないと身につけられない文法項目」は存在しません。高校文法の問題集でカバーできます。気になる方は、過去問題集や公式問題集の文法解説を読んでみて、高校文法の問題集で扱われているかどうかチェックしてみるとよいでしょう。

「対策をしなくてもいいのは納得したけれど、対策をして悪いこともないはずだ」という意見もあるでしょう。そして、「自分は毎日2時間学習できるので、1時間を基本に、もう1時間を資格試験に割り振る」というような人も多いでしょう。

たしかに、英語学習は、何をやってもマイナスになることはなくプラスになります。ただ注意したいのは、プラスになるけれど、本人が思うほど効率的でないことも多いということです。

仮に2時間学習するとして、次の2つの学習パターンを比較してください。

1）普段どおりに基本から段階的に2時間学習する

100パーセントに近い消化吸収率が期待できます。不明点を残すことなく、学習した内容が体系的に身につくので、2時間の学習に無駄がありません。

2）基本学習と資格対策を1時間ずつ行なう

前半の1時間は100パーセントに近い消化吸収率が期待できます。後半の1時間は、その人の基礎力によって異なりますが、100パーセントの消化吸収率を期待できる人は少なく、よくても70～80パーセントの消化吸収率でしょう。つまり解説を読んで理解できても、体系的に身につくところまでいかないし、不明点も少し残るということです。基礎力がグラグラしている人、つまり大半の初心者の場合は、消化吸収率が半分以下でゼロパーセントに近い（解説を読んでもチンプンカンプンで何も身につかない）ということもあり得ます。

上記のどちらが効率的なのかはあきらかです。英語は、普段から合理的な学習をしていれば、つまり基本から段階的に学習していれば、試験1週間前になろうと1日前になろうと、試験対策に切り替える必要はないのです。

「いやいや、基本から段階的に学習することが大事というのはわかるけれど、それだと、試験にでる可能性の低いことも学習しなくてはならないでしょう。忙しい身としては、そういう無駄を避けたいんだよ」という人がいるかもしれません。

こういう人は、英語の資格試験を、地理や歴史の入試問題と同じようなものと見なしているのかもしれません。

仮に、現代史を重視する大学を受験するのであれば、現代史を集中的に学習するべきでしょう。「歴史は連続しているから縄文時代から順に学習すべきだ」などと理想を言っている場合ではありません。縄文時代と現代史とで直接の関連はありませんから、現代史を学習すれば現代史は得点できます。

でも、英語は違うのです。たとえば文法項目は、独立しているのではなく、相互に強く関連しています。たとえば「主語」だけ学習して英語が読めるようになるわけでも、試験問題が解けるようになるわけでもありません。主語というのは、目的語、補語、修飾語、述語、といった、いわゆる文の要素と関連する概念だからです。一部だけピックアップして学習しても、意味がないのです。

試験直前になっても、やることは普段と同じです。

15 英会話の例文集や英会話スクールについて

― 発音と文法を頭で理解していると、より効果的 ―

英会話の例文集や英会話スクールは、今も昔も人気があるようです。

使われ方の傾向として、「声に出していれば上達するはずだから、面倒なことは考えず、とにかく声に出そう！」というノリで利用されることが多いように思います。

それで楽しく上達する人もいます。ただ、思ったほど上達しない人もいます。ここでは、上達しない人のために説明を続けていきます。

声に出すことは大事で、「声に出さないと絶対に上達しない」とまでは言い切れませんが、声に出す人と出さない人を比較した場合、声に出す人のほうが上達が早いです。

そんな背景があるせいか、「何でもいいから声に出していれば上達する」という人もいますし、それで実際に上達する人もいます。ただこれは、「声に出すだけで、他に何もしなくていい」ということではありません。これまでにも述べてきたとおり、文法も発音も必要です。

「何でもいいから声に出していれば上達する」というのは、声に出していれば、そのうちに本人自身が、発音や文法の不足を自覚してトレーニングするようになることが多いので、「結果として、何でもいいから声に出していれば上達することが多い」ということなのです。

ところが、「声に出すだけで、他に何もしなくていい」と勘違いしてしまうことが、例文集や英会話スクールを利用する人に見られることがあります。声に出すこと自体はよいことなので、落とし穴にはまっていても気づきにくいようです。『例文暗唱で気をつけること』（p.168）で述べたことと重なりますが、こうした落とし穴にはまっている人が多いようなので、あえて説明しておきました。

16 中だるみ、息切れ、逆境

― 対処法の引き出しを豊富にしておこう ―

英語は短期で上達するのがベストですが、現実は思うように進まず、逆境の中で、息切れや中だるみをすることがあるでしょう。そんなときは、体系化された学習手順ではなく、各自がケースバイケースで対処するものです。対処する引き出しが多い人ほど、上手に乗り切ることができます。参考までに、いくつか引き出しを示しておきます。

●仕事のつもりで学習する

「つもり」と書きましたが、多くの人にとって英語は現実に仕事の一部と言えるのではないでしょうか。たまに仕事で英語を使うのであっても、仕事は仕事です。就職や昇進や昇給に必要だというのも、すでに仕事の一部でしょう。「英語が自分の仕事なんだ」と自覚すれば、少々の学習で息切れや中だるみになることは防げます。仕事であれば、毎日8時間当然のようにしているのですから。また、「今日はヤル気がしないから明日にしよう」というような先延ばしも減るでしょう。ヤル気があろうがなかろうが、仕事はやることになっているからです。

●体の疲れた部分を休めて、疲れていない部分で学習する

たとえば、目が疲れてきたときや、風邪のときなどは、早めに布団に入って目をつぶって英語を聞きます。スポーツのあとで体が疲れていても目や頭が冴えているときは、体を横にして休めながら、文法や単語や構文をテキストで学習する、といった具合です。

●復習に重点をおく

英語は、学習が好調なときでも、定期的に復習しないと忘れてしまいます。まして息切れや中だるみしていると、あっという間に時間が無為にすぎ去って、学習したことをすっかり忘れてしまいます。こうなると最初からやり直しで、ゲンナリするものです。これを防ぐため、学習が進まないときは、復習に重点を置きましょう。状況が好転したら、その位置からすぐに再スタートできます。

●なりたい自分を思い出す

本書の書き込みを活用してください。英語ができるようになった気持ちよさを想像してください。

●歩調をゆるめはしても、完全には止めない

ジョギングしていて強い逆風が吹くと、なかなか進まなくなります。ここで足を止めたくなるのが人情ですが、どんなに遅くなっても足を止めずにいれば、逆風がやんで状況が好転したときに、グイグイと進むことができます。英語学習も同じで、様々な理由で逆風が吹きますが、どんなに上達が遅くなっても、学習を続けてさえいれば、状況が好転したときにグンと上達できます。『睡眠不足で聞いていると眠くなるとき』（p.155）でも述べましたが、たとえ実質的な学習時間がゼロになってしまったとしても、気持ちだけは切らさないことが大事です。

●ながら学習の比率を高める

集中して学習するのがベターなのは言うまでもありませんが、現実に中だるみや息切れをしたのであれば、今まで集中して学習していた時間を、ながら学習に切り替えるとよいでしょう。無理して挫折するよりは、どんな形であれ、学習を続けることが大事です。

●ながら学習の内容を娯楽性の高いものにする

今まで発音のテキストや資格試験のテキストを流し聞きしていたとしたら、洋楽やドラマなどに切り替えます。「聞こえなくて元々」ぐらいの気持ちで気軽に聞いてください。

17 気持ちよくトレーニングする工夫
― 本質的なことではないが、トレーニングする場所は重要 ―

英語のトレーニングを続けていくうえで多くの人が苦労するのが、十分な時間を確保できないことだと思います。

「ただでさえ仕事や家事で忙しく、趣味や遊びなど楽しみの時間が不足しているのだから、もし空いた時間があったら、英語学習ではなく趣味や遊びに使いたい！　やりたいことを我慢したくない！」と感じている人も多いと思います。

そこで、私がおすすめするのは、「いるだけでささやかな幸せを感じられるような場所」を見つけて、休日はそこで勉強することです。

たとえば、海岸であり、川辺であり、森であり、林であり、公園であり、庭園であり、桜並木であり、イチョウ並木であり、ホテルのロビーであり、見晴らしのよい高層ビルのレストランや喫茶店です。

一度試してみると実感できると思いますが、こういう場所で勉強していると、「やりたいことを我慢して、無理して学習している」という鬱屈した気分にはなりません。快適に時間が流れていきます。そして、学習を終えたあと「よい時間をすごせたな」という充実感があります。

同じコンビニ弁当でも、職場のオフィスで食べるのと、屋外の公園で食べるのとでは、気持ちよさに格段の差があるのと似ていますね。

もちろん本来は、学習をする場所は、本質的な事柄ではありません。学習は、いつでもどこでも可能ですし、ヤル気に燃えている人は実際にいつでもどこでも学習します。しかし現実には、ほとんどの人のヤル気は、「燃えている」ほど強くなく、火種がチョロチョロしている程度で、何かあればすぐに消えてしまうものです。このような段階では、ヤル気が消えないように、注意深く育てていく必要があります。お気に入りの場所で学習するというのは、そうした工夫の1つです。

18 短期の上達、長期の活用

― 英語は手段。早く身につけて長く活用する ―

「英語は簡単に身につくものではないから、焦らずにマイペースで学習しよう」という考え方があります。これは健全な考え方です。

ただし、必要以上にペースを落とす必要はありません。多くの学習者にとって、英語は運転技術と同じように、道具であり手段ですから、さっさと身につけて、さっさと使うことが本来の姿のはずです。

「焦らずにマイペースで」というのは、英語は運転技術ほどは簡単に身につかないので、焦ってストレスをかかえたり挫折したりするよりは、マイペースで学習するのが賢明なアプローチだ、ということであって、可能であれば、短期間で身につけるに越したことはありません。

「マイペースでコツコツ学習しよう」と考えていると、がんばれば短期で修得できることさえ、不要にスローにしていることがあるのです。修得が遅れて、道具としての英語を使う機会がどんどん遅れる、ということになります。

再び車の運転にたとえますが、仮に30日間の夏休みがあって、教習所の練習に30時間かかるとします。そして教習プランが次の2通りあるとします。

1）最初の3日間で、1日10時間の練習をして免許を取得し、残りの27日間をドライブして楽しむ。

2）毎日1時間練習して、夏休みの最終日に免許を取得する。ドライブは1日も楽しまない。

どちらを選びたいですか、ということです。

マンネリやモチベーションの低下を感じたときは、このようなことを思い出してみてください。

念のため。「努力しなくても英語は短期で簡単に身につきますよ」などと言っているのではありません。そうではなく、「どうせ努力するのであれば、現実に可能な範囲で、早めに一定のレベルまで到達して、勉強の対象ではなく手段として英語を取り入れた生活をはじめてはいかがですか？」と提案したいのです。

● 第5章 ●

学習計画の作成

1　1日の時間の使い方のチェック

― 時間数、集中度、学習分野を見直そう ―

5章では、自分に適した学習計画を作成します。最初に1日の時間の使い方の現状をチェックし、次に使い方の目標を作成します。そのあと、半年から1年ぐらいの学習計画を作成します。

この項では、1日の時間の使い方を、時間数、集中度、学習分野についてチェックします。

まず、時間数をチェックします。たいていの人は、自分なりにできる範囲で学習しているつもりだと思います。しかし、「つもり」というのは、現実と異なることが多いものです。特に、多忙な時間を割いていると、十分に時間をかけているような「つもり」になりがちですが、冷静にチェックしてみると、微々たる時間にしかなっていないことが多いものです。

学習しているときの集中度も見直してみましょう。ながら学習やスキマ時間の活用しかしていない場合は、上達が遅くなります。全体の学習時間のうち、集中した学習時間がどのくらいの割合になっているか、チェックしてみてください。英会話スクールでグループレッスンを受けているときなど、他の人が話しているときにボーっとしてしまうことがありますが、こういう時間は、ながら学習にカウントするものです。また、ボキャビルのトレーニングをしていて、未知の単語にマーキングする作業は、下準備にすぎません。

学習分野もチェックしてみましょう。気の向くままに学習していると、苦手分野や嫌いな分野は知らず知らず敬遠するものです。そうすると、「自分は単語が弱点だ」「自分は発音が苦手だ」と嘆いているわりには、その弱点の克服に時間を割いていなかった、なんてこともあり得ます。書き出してみれば、一目瞭然です。学習分野は相互に関連しているので、チェックリストの複数の項目を囲んでかまいません。たとえば単語集のCDを聞いたら、単語とリスニングを囲むといった具合です。

英語学習以外の行動は、その下の空白行に書き込んでおいてください。たとえば、起床してから自宅を出るまでの間、日本語のテレビ番組を流しているとしたら、そのまま「日本語のテレビを流している」と書いておきましょう。あとで学習計画を作成するときに「この時間は、英語のテレビ番組に切り替えれば、ながら学習にカウントできる」と判断しやすくなります。

平日の学習パターンと休日の学習パターンの2つとも記入してみてください。休日は人によって過ごし方が大幅に異なりますので、白紙になっています。自分の学習パターンを起床時から就寝時まで記入してください。学習時間と集中度と分野が見直せるようになっていれば、書き方は自由です。

平日の学習パターン

1）起床してから自宅を出るまで（　　　）分のうち、

CD ラジカセやテレビから英語を流している。（　　　）分

（ながら学習 or 集中した学習）

（単語、文法、発音、リーディング、リスニング、ライティング、スピーキング）

テキストを用いて学習している。（　　　）分

（ながら学習 or 集中した学習）

（単語、文法、発音、リーディング、リスニング、ライティング、スピーキング）

2）自宅から駅まで（　　　）分のうち、

携帯プレーヤーで英語を聞いている。（　　　）分

（ながら学習 or 集中した学習）

（単語、文法、発音、リーディング、リスニング、ライティング、スピーキング）

余裕があれば声に出している。（　　　）分

（ながら学習 or 集中した学習）

（単語、文法、発音、リーディング、リスニング、ライティング、スピーキング）

3）電車内（　　　）分のうち、

携帯プレーヤーで英語を聞いている。（　　　）分

（ながら学習 or 集中した学習）

（単語、文法、発音、リーディング、リスニング、ライティング、スピーキング）

テキストを用いて学習している。　（　　　　）分
（ながら学習 or 集中した学習）
（単語、文法、発音、リーディング、リスニング、ライティング、スピーキング）

4）駅から会社まで（　　　　）分のうち、

携帯プレーヤーで英語を聞いている。　（　　　　）分
（ながら学習 or 集中した学習）
（単語、文法、発音、リーディング、リスニング、ライティング、スピーキング）

余裕があれば声に出している。　（　　　　）分
（ながら学習 or 集中した学習）
（単語、文法、発音、リーディング、リスニング、ライティング、スピーキング）

5）昼食の休憩時（　　　　）分のうち、

携帯プレーヤーで英語を聞いている。　（　　　　）分
（ながら学習 or 集中した学習）
（単語、文法、発音、リーディング、リスニング、ライティング、スピーキング）

テキストを用いて学習している。　（　　　　）分
（ながら学習 or 集中した学習）
（単語、文法、発音、リーディング、リスニング、ライティング、スピーキング）

6）退社してから駅まで（　　　　）分のうち、

携帯プレーヤーで英語を聞いている。　（　　　　）分
（ながら学習 or 集中した学習）
（単語、文法、発音、リーディング、リスニング、ライティング、スピーキング）

余裕があれば声に出している。　（　　　　）分
（ながら学習 or 集中した学習）
（単語、文法、発音、リーディング、リスニング、ライティング、スピーキング）

7）電車内（　　　　）分のうち、

携帯プレーヤーで英語を聞いている。　（　　　　）分
（ながら学習 or 集中した学習）
（単語、文法、発音、リーディング、リスニング、ライティング、スピーキング）

テキストを用いて学習している。　（　　　　）分
（ながら学習 or 集中した学習）
（単語、文法、発音、リーディング、リスニング、ライティング、スピーキング）

8）駅から自宅まで（　　　　）分のうち、

携帯プレーヤーで英語を聞いている。　（　　　　）分
（ながら学習 or 集中した学習）
（単語、文法、発音、リーディング、リスニング、ライティング、スピーキング）

余裕があれば声に出している。　（　　　　）分
（ながら学習 or 集中した学習）
（単語、文法、発音、リーディング、リスニング、ライティング、スピーキング）

9）帰宅してから寝るまで（　　　）分のうち、

CD ラジカセやテレビから英語を流している。　（　　　）分
（ながら学習 or 集中した学習）
（単語、文法、発音、リーディング、リスニング、ライティング、スピーキング）

テキストを用いて学習している。　（　　　）分
（ながら学習 or 集中した学習）
（単語、文法、発音、リーディング、リスニング、ライティング、スピーキング）

<table>
<tr><td colspan="2">学習可能な時間の合計（1 ～ 9 の合計）➡（　　　）分</td></tr>
<tr><td rowspan="3">内訳</td><td>ながら学習時間の合計（　　　）分
単語（　　　）分、文法（　　　）分、発音（　　　）分、
リーディング（　　　）分、リスニング（　　　）分、
ライティング（　　　）分、スピーキング（　　　）分</td></tr>
<tr><td>集中した学習時間の合計（　　　）分
単語（　　　）分、文法（　　　）分、発音（　　　）分、
リーディング（　　　）分、リスニング（　　　）分、
ライティング（　　　）分、スピーキング（　　　）分</td></tr>
<tr><td>学習していない時間の合計（　　　）分</td></tr>
</table>

休日の学習パターン

学習可能な時間の合計 ➡（　　　）分	
内訳	**ながら学習時間の合計（　　　）分** 単語（　　　）分、文法（　　　）分、発音（　　　）分、 リーディング（　　　）分、リスニング（　　　）分、 ライティング（　　　）分、スピーキング（　　　）分
	集中した学習時間の合計（　　　）分 単語（　　　）分、文法（　　　）分、発音（　　　）分、 リーディング（　　　）分、リスニング（　　　）分、 ライティング（　　　）分、スピーキング（　　　）分
	学習していない時間の合計（　　　）分

2 1日の時間の使い方の予定

― 習慣づけや意識づけのためにも書き込みしよう ―

前とほぼ同じチェックリストを利用して、今度は、これからの自分の学習時間や集中度、学習分野などの計画を作成してみましょう。ながら学習やスキマ時間の活用は、最初のうちは意識しないと身につきにくいので、書き出すことによって意識を高めるのです。

どれくらい時間を確保できるかは、実際にトレーニングをしてみないと想像がつきにくい、という場合もあるでしょうが、「忙しくて時間を確保できないことが多いから、控えめな数字を入れておこう」などと思わず、「休日は1日8時間真剣に学習する！」というように自分を鼓舞するように書くのがコツです。計画通りにいかなかったらあとで修正すればいいだけです。計画に変更はつきものですから、気軽に記入していただいて大丈夫です。

空白行には、学習の目標や意図を書き込んでみましょう。「起床時は頭が冴えないので本格的な学習ではなく、単なる耳慣らしとして、英語ニュースをテレビから流す」や、「会社から駅までは自分がアウトプットで使いそうな単語を積極的に声に出してみる」のように、自由に書いてください。他の作業をしていて英語に時間を割けない場合は、そのように書いておきましょう。たとえば「昼食の休憩時は同僚と食事で英語学習はできない」のようにです。

平日の学習パターン

1）起床してから自宅を出るまで（　　　）分のうち、

CDラジカセやテレビから英語を流す。　（　　　）分
（ながら学習 or 集中した学習）
（単語、文法、発音、リーディング、リスニング、ライティング、スピーキング）

テキストを用いて学習する。　（　　　）分
（ながら学習 or 集中した学習）
（単語、文法、発音、リーディング、リスニング、ライティング、スピーキング）

2）自宅から駅まで（　　　）分のうち、

携帯プレーヤーで英語を聞く。　（　　　）分
（ながら学習 or 集中した学習）
（単語、文法、発音、リーディング、リスニング、ライティング、スピーキング）

余裕があれば声に出す。　（　　　）分
（ながら学習 or 集中した学習）
（単語、文法、発音、リーディング、リスニング、ライティング、スピーキング）

3）電車内（　　　）分のうち、

携帯プレーヤーで英語を聞く。　（　　　）分
（ながら学習 or 集中した学習）
（単語、文法、発音、リーディング、リスニング、ライティング、スピーキング）

テキストを用いて学習する。　（　　　　）分
（ながら学習 or 集中した学習）
（単語、文法、発音、リーディング、リスニング、ライティング、スピーキング）

4）駅から会社まで（　　　　）分のうち、

携帯プレーヤーで英語を聞く。　（　　　　）分
（ながら学習 or 集中した学習）
（単語、文法、発音、リーディング、リスニング、ライティング、スピーキング）

余裕があれば声に出す。　（　　　　）分
（ながら学習 or 集中した学習）
（単語、文法、発音、リーディング、リスニング、ライティング、スピーキング）

5）昼食の休憩時（　　　　）分のうち、

携帯プレーヤーで英語を聞く。　（　　　　）分
（ながら学習 or 集中した学習）
（単語、文法、発音、リーディング、リスニング、ライティング、スピーキング）

テキストを用いて学習する。　（　　　　）分
（ながら学習 or 集中した学習）
（単語、文法、発音、リーディング、リスニング、ライティング、スピーキング）

6）退社してから駅まで（　　　）分のうち、

携帯プレーヤーで英語を聞く。　（　　　）分

（ながら学習 or 集中した学習）

（単語、文法、発音、リーディング、リスニング、ライティング、スピーキング）

余裕があれば声に出す。　（　　　）分

（ながら学習 or 集中した学習）

（単語、文法、発音、リーディング、リスニング、ライティング、スピーキング）

7）電車内（　　　）分のうち、

携帯プレーヤーで英語を聞く。　（　　　）分

（ながら学習 or 集中した学習）

（単語、文法、発音、リーディング、リスニング、ライティング、スピーキング）

テキストを用いて学習する。　（　　　）分

（ながら学習 or 集中した学習）

（単語、文法、発音、リーディング、リスニング、ライティング、スピーキング）

8）駅から自宅まで（　　　）分のうち、

携帯プレーヤーで英語を聞く。　（　　　）分

（ながら学習 or 集中した学習）

（単語、文法、発音、リーディング、リスニング、ライティング、スピーキング）

余裕があれば声に出す。　（　　　）分

（ながら学習 or 集中した学習）

（単語、文法、発音、リーディング、リスニング、ライティング、スピーキング）

9）帰宅してから寝るまで（　　　　）分のうち、

CD ラジカセやテレビから英語を流す。　（　　　　）分

（ながら学習 or 集中した学習）

（単語、文法、発音、リーディング、リスニング、ライティング、スピーキング）

テキストを用いて学習する。　（　　　　）分

（ながら学習 or 集中した学習）

（単語、文法、発音、リーディング、リスニング、ライティング、スピーキング）

<table>
<tr><td colspan="2">学習可能な時間の合計（1～9の合計）➡（　　　　）分</td></tr>
<tr><td rowspan="3">内訳</td><td>ながら学習時間の合計（　　　　）分
単語（　　　　）分、文法（　　　　）分、発音（　　　　）分、
リーディング（　　　　）分、リスニング（　　　　）分、
ライティング（　　　　）分、スピーキング（　　　　）分</td></tr>
<tr><td>集中した学習時間の合計（　　　　）分
単語（　　　　）分、文法（　　　　）分、発音（　　　　）分、
リーディング（　　　　）分、リスニング（　　　　）分、
ライティング（　　　　）分、スピーキング（　　　　）分</td></tr>
<tr><td>学習していない時間の合計（　　　　）分</td></tr>
</table>

休日の学習パターン

<table>
<tr><td colspan="2">**学習可能な時間の合計　➡（　　　）分**</td></tr>
<tr><td rowspan="3">内訳</td><td>**ながら学習時間の合計（　　　）分**
単語（　　　）分、文法（　　　）分、発音（　　　）分、
リーディング（　　　）分、リスニング（　　　）分、
ライティング（　　　）分、スピーキング（　　　）分</td></tr>
<tr><td>**集中した学習時間の合計（　　　）分**
単語（　　　）分、文法（　　　）分、発音（　　　）分、
リーディング（　　　）分、リスニング（　　　）分、
ライティング（　　　）分、スピーキング（　　　）分</td></tr>
<tr><td>**学習していない時間の合計（　　　）分**</td></tr>
</table>

3 自分だけの学習計画の記入

― 半年から１年ぐらいの計画を立ててみよう ―

いよいよ学習計画の作成です。

最初の１ヵ月だけ、記入例をみなさんがイメージしやすいように、ある程度、作成済みになっています。２ヵ月目からは、自分で作成してみてください。

本書のモデルプランや学習手順のうち、納得した部分を書き写していただければ、スムーズに作成できるはずです。印刷された既成の計画表よりも、自分で手書きで記入した計画表のほうが、ヤル気がわきやすいものです。

学習時間の数字は、前項で記入したことの繰り返しになりますが、それでかまいません。自分に言い聞かせるために記入するのですから、繰り返したほうがいいのです。

計画表はチェックリストを兼ねていますので、定期的に読み返して、正マークや×マークでチェックしましょう。

1ヵ月目

屋内

目標の要約

中学文法を身につける。

具体的な作業

1冊の問題集を1～2時間で全問正解できるようになるまで繰り返す。この作業を9冊、繰り返す。

使用する教材　（以下の9冊すべて、あるいは同等のテキスト9冊）

1～2時間で全問正解できるようになったらチェック！
↓

『中1英語をひとつひとつわかりやすく。』（　　）周　□

『中2英語をひとつひとつわかりやすく。』（　　）周　□

『中3英語をひとつひとつわかりやすく。』（　　）周　□

『高校入試集中ドリル夏トレ　英語』（　　）周　□

『高校入試　とってもすっきり英語　中学1～3年　新装版』（　　）周　□

『高校入試　基礎の完成　英語』（　　）周　□

『高校入試　基礎からできる総復習　英語』（　　）周　□

『高校入試　基礎テスト　英語』（　　）周　□

『中学英語の総復習　3年間の基本事項総チェック』（　　）周　□

上記以外で使いたいテキストがあれば記入

（　　　　　　　　　　　　　　　　）（　　）周　□

（　　　　　　　　　　　　　　　　）（　　）周　□

学習時間の目標	平日　　　時間	休日　　　時間

屋外

目標の要約

英語の音に慣れる下準備をする。

具体的な作業

発音テキストの発音記号のページの音源を、常に携帯プレーヤーで再生しておき、状況に応じて、余裕がなければ単に聞き流すだけにし、余裕があれば意識を集中し、さらに余裕があれば声に出す、というように切り替える。
また、該当ページをコピーして持ち歩き、ときおり読み返す。

使用する教材

『英語徹底口練！』の 72 ～ 99 ページの音源

上記以外で使いたい音源があれば記入
(　　　　　　　　　　　　　　　　　　　　　　　　)

流し聞きの時間の目標	平日　　　　時間	休日　　　　時間

2カ月目

屋内

目標の要約

具体的な作業

使用する教材

学習時間の目標	平日	時間	休日	時間

屋外

目標の要約

具体的な作業

使用する教材

流し聞きの時間の目標	平日	時間	休日	時間

3ヵ月目

屋内		
目標の要約		
具体的な作業		
使用する教材		
学習時間の目標	平日　　時間	休日　　時間

屋外		
目標の要約		
具体的な作業		
使用する教材		
流し聞きの時間の目標	平日　　時間	休日　　時間

4ヵ月目

屋内

目標の要約

具体的な作業

使用する教材

学習時間の目標	平日　時間	休日　時間

屋外

目標の要約

具体的な作業

使用する教材

流し聞きの時間の目標	平日　時間	休日　時間

5ヵ月目

屋内		
目標の要約		
具体的な作業		
使用する教材		
学習時間の目標	平日　時間	休日　時間

屋外		
目標の要約		
具体的な作業		
使用する教材		
流し聞きの時間の目標	平日　時間	休日　時間

6ヵ月目

屋内

目標の要約

具体的な作業

使用する教材

学習時間の目標	平日	時間	休日	時間

屋外

目標の要約

具体的な作業

使用する教材

流し聞きの時間の目標	平日	時間	休日	時間

7ヵ月目

屋内

目標の要約		
具体的な作業		
使用する教材		
学習時間の目標	平日　　　時間	休日　　　時間

屋外

目標の要約		
具体的な作業		
使用する教材		
流し聞きの時間の目標	平日　　　時間	休日　　　時間

8カ月目

屋内

目標の要約

具体的な作業

使用する教材

学習時間の目標	平日　　時間	休日　　時間

屋外

目標の要約

具体的な作業

使用する教材

流し聞きの時間の目標	平日　　時間	休日　　時間

9カ月目

屋内		
目標の要約		
具体的な作業		
使用する教材		
学習時間の目標	平日　時間	休日　時間

屋外		
目標の要約		
具体的な作業		
使用する教材		
流し聞きの時間の目標	平日　時間	休日　時間

10カ月目

屋内

目標の要約

具体的な作業

使用する教材

学習時間の目標	平日	時間	休日	時間

屋外

目標の要約

具体的な作業

使用する教材

流し聞きの時間の目標	平日	時間	休日	時間

11ヵ月目

屋内

目標の要約

具体的な作業

使用する教材

学習時間の目標	平日　時間	休日　時間

屋外

目標の要約

具体的な作業

使用する教材

流し聞きの時間の目標	平日　時間	休日　時間

12カ月目

屋内		
目標の要約		
具体的な作業		
使用する教材		
学習時間の目標	平日　　時間	休日　　時間

屋外		
目標の要約		
具体的な作業		
使用する教材		
流し聞きの時間の目標	平日　　時間	休日　　時間

計画を記入したあとは、実行あるのみです。

自分で作成した計画ですから、実行しやすくなっています。

一般に計画というものは、旅程でも仕事でも遊びでも少しずつ遅れてしまうものですが、復習の期間を最初から1ヵ月単位で組み込んでおけば、それまでの遅れを取り戻すことができます。焦って計画から復習を抜かすことのないようにしてください。また、トレーニングは1ヵ月単位で切り替わりますから、少々の遅れがあってもリセットして、気分新たに学習してください。

実行あるのみと言いましたが、文字どおり「実行するだけでいい」ということではなく、「まずは実行することが大事だ」ということです。他にも大事なことがあるのは、本書で繰り返し述べてきたとおりで、現状を把握すること、目標を把握すること、全体像を把握すること、個々のトレーニングの目的を考えること、などのように多岐にわたります。

計画を記入して実行をはじめたあとも、折に触れて本書を読み返して、様々な角度から自分をチェックしてみてください。

おわりに

私事になりますが、私は今まで、編集や校正を手伝っていただいた方々に対して、紙面で謝辞を述べたことがありません。

私が感謝していないということではなく、感謝している人々が多いために線引きできないことが理由の１つです。編集や校正を手伝っていただいた人だけでなく、印刷していただいた人、配送していただいた人、レジで販売していただいた人など、大勢の人々の協力のおかげで、本は読者に届くからです。

もう１つの理由として、読者に関係のない記述を避けたいという思いもあります。紙面に謝辞を記すことは、美しい活字文化だとは思うのですが、読者には直接関係ありません。限られた紙面はすべて読者のために使いたいという思いが、私にはあります。

しかし本書では、上記の理由が些細なことに感じられるほど多大な協力を、ベレ出版の新谷友佳子さんからいただきました。新谷さんがいなければ、本書はでき上がりませんでした。この場をお借りして、厚く御礼を申し上げます。ありがとうございました。

また、生徒の小池淳子さん、早川文子さん、林敬太郎さん、泥谷早姫さんには、締め切り間際のあわただしい時期に校正を手伝っていただきました。ありがとうございました。

さて、多くのモノづくりに共通していることだと思いますが、どんな作品であれ、作り手にとって思い入れのあるものだと思います。特に本は、著者の分身のような一面がありますから、思い入れも強くなるものです。

しかし、そんな著者の思い入れとは無関係に、読者のみなさんには、本書を短期間で卒業して用済みにしていただきたいと思います。英語学習を登山にたとえるならば、本書は初心者向けのガイドブックのようなものです。一刻も早く目的地に到達して、素晴らしい眺めを楽しんでいただきたいと思います。

本書が、みなさんの英語学習に少しでもお役に立てれば、著者としてこれにまさる喜びはありません。

著者紹介

土屋　雅稔（つちや　まさとし）

神奈川県出身。千葉県船橋市で「エクセレンスイングリッシュスクール」を主宰。
TOEIC990、英検 1 級。国連英検特 A 級合格。
30 歳で英語学習を開始、34 歳から英語講師。
著書に『＜具体的・効率的＞英語学習最強プログラム』『中上級者がぶつかる壁を破る英語学習最強プログラム』（以上、ベレ出版）、『ABC 単語集 6000 words』『A B C単語集 超初級編 3000 words』（以上、国際語学社）がある。

エクセレンスイングリッシュスクール
http://www.funabashi990.com/

今度《こんど》こそ必《かなら》ずモノにする英語習得《えいごしゅうとく》プランニングノート

2011 年 7 月 25 日　初版発行

著者　土屋《つちや》　雅稔《まさとし》
カバーデザイン　中濱　健治
DTP　WAVE 清水 康広

発行者　内田　眞吾
発行・発売　ベレ出版
〒162-0832　東京都新宿区岩戸町12　レベッカビル
TEL.03-5225-4790　FAX.03-5225-4795
ホームページ　http://www.beret.co.jp/
振替 00180-7-104058
印刷　株式会社文昇堂
製本　根本製本株式会社

ISBN978-4-86064-293-8 C2082　　編集担当　新谷友佳子